中国网络意见领袖的发展历程：
基于互联网媒介变迁的视角

王 平 著

人民日报出版社

图书在版编目（CIP）数据

中国网络意见领袖的发展历程：基于互联网媒介变
迁的视角 / 王平著. --北京：人民日报出版社，
2017.5
ISBN 978-7-5115-4709-5

Ⅰ. ①中… Ⅱ. ①王… Ⅲ. ①传播媒介—研究—中国
Ⅳ. ①G206.2

中国版本图书馆 CIP 数据核字（2017）第 112381 号

书　　　名：	中国网络意见领袖的发展历程：基于互联网媒介变迁的视角
作　　　者：	王　平
出 版 人：	董　伟
策　　　划：	庞　强　刘　媛
责任编辑：	孙　祺
封面设计：	宋晓璐·贝壳悦读
出版发行：	人民日报出版社
社　　　址：	北京金台西路 2 号
邮政编码：	100733
发行热线：	（010）65369527　65369846　65369509　65363528
邮购热线：	（010）65369530　65363527
编辑热线：	（010）65369518
网　　　址：	www.peopledailypress.com
经　　　销：	新华书店
印　　　刷：	北京市金星印务有限公司
开　　　本：	710mm×1000mm　　1/16
字　　　数：	200 千字
印　　　张：	11.5
印　　　次：	2017 年 6 月第 1 版　2017 年 6 月第 1 次印刷
书　　　号：	ISBN 978-7-5115-4709-5
定　　　价：	45.00 元

序 言

　　王平博士的《中国网络意见领袖的发展历程：基于互联网媒介变迁的视角》是一本从互联网媒介变迁的角度描述网络意见领袖发展历程的学术著作。这部专著是她在博士论文的基础上逐步修改而成，王平从2010年开始由心理学跨入到传播学，从事网络传播方面的研究，网络意见领袖研究是她持续关注的领域。

　　意见领袖是在政治传播中发现的，拉扎斯菲尔德等人研究发现，大众媒介在影响选民投票意向方面影响力是极有限的，且只是众多因素之一。相比大众传播，直接面对面的人际交流更为关键，大多数选民受到小部分消息灵通、表现活跃的选民的影响，这部分人即意见领袖。意见领袖的研究在传播学史上具有里程碑意义，它结束了"强效果"理论统治传播研究的时代，开创了大众传播研究的"有限效果论"时代。

　　网络意见领袖，也被称为"虚拟意见领袖""虚拟舆论领袖"，是互联网产生以后出现的新兴事物，且主要是web2.0时代的产物。web2.0时代相对于用户被动地接受信息的web1.0时代，更注重用户的交互性体验，用户既是内容的浏览者，同时也是内容的制造者、创造者，这种交互体验的媒介环境给网络意见领袖的兴起带来了契机。

　　我国网络意见领袖发展至今，已有十余年。这十几年是中国互联网飞速发展的十几年，也是互联网对中国社会产生巨大影响的十几年。从20世纪90年代末开始，互联网的社会化应用对社会生活的方方面面都造成了巨大的冲击，特别是2003年"网络舆论年"之后，众多公共事件通过网络迅速传播，形成一股强大的网络舆论监督风波。由于当时传统媒体仍为舆论监督的主导性力量，此时的网络意见领袖多为传统媒体出身的意见领袖。2003 年以后，网民的舆论监督意识增强，越来越多的公民把网络作为一种表达工具，尤其是随着博客、微博的兴起，网络意见领袖不再仅仅依附于传统媒体，而开始越来越多地为传统媒体设置议程。网络意见领袖的社会影响力增强，对公民表达、政府管理、社会治理等均产生较大影响。微信的出现，加之国家互联网管制力度增强，使得网络意见领袖呈现出一些新的特点：整体活跃度有所下降，专业型意见领袖影响力上升，更具组织性和社会动员能力。

当然，意见领袖从古至今一直存在，并非互联网催生的网络意见领袖，而是网络媒介更好地捕捉到了民众日益强烈的信息、互动需求，并且放大了这种需求，于是才成就了今时的网络意见领袖。如今网络意见领袖已成为中国民主化进程中的一支重要推动力量。由于影响巨大，网络意见领袖短时间内就受到了学界、业界的热切关注，尤其是在国内，有关网络意见领袖的文章和专著出现了井喷式的增长。王平博士是较早关注这一领域的青年学者。作为王平博士的导师，我十分清楚这本书的创作历程，也理解王平的研究思路，极力鼓励她完成此书的写作。这本书蕴含了她几年来关于网络意见领袖的思考，下面我想从几个方面来谈一下我对这本书的感受。

首先，选题具有很强的时代性。计算机曾被誉为 20 世纪最伟大的发明之一，而互联网则称得上计算机最伟大的应用之一。现代社会，人们的工作生活须臾离不开互联网，人类社会的方方面面正日益打上互联网的烙印，"数字化生存"正逐渐成为现实。网络意见领袖是互联网技术发展催生的新鲜事物，也是中国社会变革的一部分。中国互联网发展迅速的几十年也是中国发生巨变的几十年。特别是近几年来，随着改革开放的深入，利益主体的多元化，社会利益主体的多极化、复杂化，各种社会问题突显，矛盾多发，有时由于一个小的事件，很可能成为引发一系列社会矛盾和危机的导火索。当我们将网络意见领袖放置在具体的社会历史时空中时，我们才更容易理解为什么这样一类群体会产生如此大的作用，这里有个人的力量，更有时代的召唤。

其次，本书的视角独特，我国网络意见领袖肇始于20世纪90年代末，从BBS到论坛、博客、再到现在的微博、微信，每一种互联网应用都衍生了一系列有关网络意见领袖的研究。然而，以往的研究成果大多为个案研究，如研究某一网络平台的网络意见领袖，或研究某一事件中的网络意见领袖，但也往往以单一媒介为主，常见的如论坛网络意见领袖的研究、博客网络意见领袖的研究，或微博意见领袖的研究，现在也有学者开始关注微信意见领袖的研究，这些研究基本是个案式的、平面的，而王平博士的这本书从整个互联网媒介变迁的视角来观察中国网络意见领袖的发展历程，拉长了网络意见领袖的时间跨度，将网络意见领袖的研究进一步向纵深推进，这对当前网络意见领袖研究路径可谓一大突破。

第三，充分发挥跨学科的优势。王平是我的博士生，与其他学生不同的是她并不是传播学科班出身，而是由心理学跨到传播学，她带来的不止是研究视域的拓展，更是研究方法上的启示借鉴。在平日的学习工作中，她善于将心理学的理论、方法融入传播学相关研究，展示了较强的学科融合能力。比如这本书中，既有详细的个案分析，也有基于数据的量化分析，充分从数据和实证资料中发掘网络意见领袖的新特点，可以说，这很好地发挥了她本人的研究特长。

当然，由于时间关系，本书也有一些有待商榷之处，希望在以后的研究中继续深化、完善。比如以媒介变迁作为网络意见领袖的发展阶段划分依据，是否会忽视网络意见领袖本身呈现的历史特点？将网络意见领袖活跃的场域分为论坛、博客、微博、微信，这样的划分能否涵盖网络意见领袖的所有形态？另外，关于微信意见领袖的研究还比较少，资料也不全，这方面还有待加强等。

总体而言，本书对中国互联网意见领袖发展历程的梳理，从一个侧面折射出技术变革对社会的促进作用。同时作为中国社会历史进程的重要参与者，一部网络意见领袖发展史，一定意义上，就是一部新时代中国社会变革史，对它的研究，即使略有瑕疵，亦不掩瑜色。希望作者将这一研究继续深入下去，也希望更多学界同仁关注、拓展这一研究领域，共同推动我国新媒体、舆论学相关研究迈入新境界！

是为序。

谢耕耕

2017 年 3 月 4 日

（中国新闻史学会舆论学研究会会长

上海交通大学媒体与设计学院教授、博导）

|目 录|

第一章
意见领袖的由来

一、人民的选择

20 世纪 40 年代，奠定了传播学学科地位的美国学者拉扎斯菲尔德和其同事在美国宾夕法尼亚州西北部的伊利县进行了一项有关美国总统竞选的研究，这项研究旨在探讨媒介对选民投票意向的影响，这项研究对传播学研究有着的推动作用，后人称其为"伊利县"研究。伊利县研究正值"魔弹论"、"皮下注射论"等"强效果"理论非常盛行的时期，这些理论的核心观点是，大众传播媒介具有强大的传播效果，他们所传递的信息就像子弹击中身体、药剂注入皮肤一样，可以引起直接、速效的反应，左右人们的态度和意见，甚至直接支配他们的行动。伊利县研究也是围绕大众传播在竞选中的宣传效果而展开的，其研究初衷是为了证实大众媒介在影响选民投票方面，将具有非常强大的力量。但伊利县研究的调查结果却出乎意料，研究发现，大众媒介在影响选民投票意向方面影响力是很有限的，只是众多因素之一。相比大众传播，直接面对面的人际交流更为关键。

在这次调查中，学者们首次提出了"意见领袖"的概念。他们通过调查发现，大多数选民获取信息并接受影响的来源并非大众传播媒介，大众传播也并非像子弹击中身体或药剂注入皮肤那样会产生直接的影响，大多数选民是受到一部分其他的选民的影响。这部分选民频繁地接触各种报刊、广播、广告等媒体，掌握的信息比较丰富，于是那些经常与他们交往的大多数选民，便从他们那里间接地获得了有关竞选的重要信息，并且听取他们对于许多竞选问题的解释。这部分选民被拉扎斯菲尔德等人称为"意见领袖"。据此拉氏提出了在传播过程中存在着"两级传播"的现象，即大众传播并不是直接"流"向一般受众，而是先经过"意见领袖"这个中间环节，再由他们转达给相对被动的一般大众。

意见领袖是如何识别的呢？当时正处于传播效果研究的初级阶段，以拉扎斯菲尔德等人为代表的哥伦比亚学派，采用的是实证主义科学观，侧重于探索在大众传播过程中的各种因果关系。在传播学研究史上，拉扎斯菲尔德也被认为是"工具的制造者"，他在维也纳大学获得的是数学博士学位，强调精确的定量测量和定性的评价分析，特别是定量的研究方法和技术，他也是最早运用实地调查法从事广播研究的人。在 1940 年的伊利县调查中，意见领袖的识别也采用的是定量和定性相结合的研究技术，研究者询问被试，请你指出哪些专家是你信得过的、并且一直传播最新消息给你的人，被试提名了一些专家的名字之后，再访问这些专家样本，哪些是被他们所信任的人。通过被试的"自我报告法"（self-report measure questionnaire），拉扎斯菲尔德等人发现，意见领袖并非传统意义上的领袖，不是政府或政党部门的首脑，也不是媒体明星或商业大亨，他们是一些普通人，被认为是有能力和可信的。参与公共事物的意见领袖并不是只有专家的名声而已，而是更倾向于将自己的影响扩散给他人的人。

在伊利县研究 4 年之后，拉扎斯菲尔德和卡茨将伊利县研究的成果发表在《人民的选择》一书中，"意见领袖"的概念也正式被提出。这本书还提出了其他一些观点，如"政治既有倾向"假说、"选择性接触"假说、"两级传播"等概念和观点，在传播学史上具有里程碑意义，结束了"强效果"理论统治传播研究的时代，开创了大众传播研究的"有限效果论"时代。

二、两级传播

20 世纪 50 年代初，"强效果"论有所动摇，至少学术界已经明确认同了大众传播的"有限效果"和"弱效果"理论。在媒介效果研究方面，研究焦点更集中于受众的个体差异，以及这些差异如何影响他们对媒体的反应。由于人们需要对自己面临的现实的各个方面有一个了解，以便认清自己所遇到的复杂的环境，这样他们才会做出一个明智的选择，并在行动中获得最大的利益。当普通人遇到决定是否要相信、购买、支持、喜欢或不喜欢的情形时，他们就会去意见领袖那里寻求指导。1955 年，卡茨和拉扎斯菲尔德又在伊利诺伊州进行了迪凯特（Decature-Study）研究，研究的正是这种非正式的人际影响。这个调查的设计与两级传播研究有着一种系统的理论上的继承关系，在哥伦比亚大学的应用社会调查局的支持下进行，该项目将研究重点放在了意见领袖对他人日常生活所做决定的影响上，具体包括市场营销领域、流行时尚领域、公共事件以及电影方面。

该研究的调查程序是首先选择一个适合的研究地区，抽取样本进行访问，确定领导者与追随者。对调查地点的选择综合考虑了研究资金和其他指标，包括人口构成、经济地位、商业活动、大众传播的使用规律等。综合以上因素最终选择了伊利诺伊州的迪凯特市。对采访对象的抽样是按照一般的概率方法进行的，在第一户里，只有两个以上 16 岁以上的妇女，那么在两次的调查中则一次采访年轻的，一次采访年长的。

在研究方法上，他们又进行了改良，主要采用了四种不同的策略测量"意见领袖"和"有影响力的人"：1. 找出在一般领域内具有影响力的人，即在各项问题上为他们提供意见或解释；2. 找出特定领域内具有影响力的人；3. 确定受访者"日常接触情况"，找出常和谁一起讨论问题的人；4. 自我报告，直接询问受访者最近是否影响过别人。第 1种和第 3 种策略后来被认为收获不大，第 4 种策略测量的是受访者所认为的意见领袖心理，要考虑效度问题。研究中除了采用自我报告法外，还辅以深度访谈法，即请接受过建议的人依次指出对他们的投票影响最大的几个人。最后提出的意见领袖的定义是，被同辈群体认为在某一特定问题上具有特殊能力的个人，而不是那些在社会上因为其自身的社会、政治或经济中的地位显赫而对他人产生影响的人。

在研究意见领袖怎样影响决策时，一个主要的困难是如何把意见领袖的影响与其他来源的影响区分开。调查员们对个人接触所产生的影响以及传媒广告、推销员两种形式的影响做了研究。一般来说，在市场营销、时尚和选择电影方面，个人的影响在人们决定改变使用习惯或者采用新产品方面，效果要比正式的媒体明显。当然，意见领袖也不是在真空中起作用的。在此研究中，研究者还找出了与意见领袖相关的三个维度，包括生命周期中的位置、在该地区的社会经济地位以及社会联系，即合群性指数（index of gregariousness）。生命周期中的位置是指，随着人们在生命周期中的位置从一点移动到另一点，会引起一系列的变化，而这一分类标准就是用来描述这些变化的。在生命周期中的位置，增加了人们在某些话题上具有丰富知识的概率，但并不是所有的话题，对一个话题的熟悉程度以及能否有效地解决这方面的问题，决定着一个人能否具有个人影响力。社会经济地位，人们在一个地区的地位可以很明显地从其学历、声望和收入等方面表现出来，这些重要的因素可能也决定他们能否成为人们寻求解释和建议的对象。合群性指数的建立是基于这样的研究假设，社会联系有限的妇女一般没什么机会展示自己的个人影响力，而经常与其他人保持接触的人更可能成为意见领袖。这对于明确意见领袖的定义、认识其特征方面奠定了一定的基础。除了再次否定了大众传播媒介的强效果理论外，该研究也开始关注大众传播过程中的社会关系及其作用。

今天看来，迪凯特研究并不完美，甚至有许多可指责之处，至少它在测量、统计分析、抽样等方面都存在明显的局限性，但这项研究在意见领袖的研究史上仍具有里程碑的意义，甚至是大众传播研究的一个关键转折点。不久之后，研究者们把更多的注意力放到受众的社会属性以及受众的社会分层对注意和反应模式的影响上。在大众传播过程中，个人之间的关系才是最重要的一个因素，而不是信息刺激的结构、传播者的特点或者接受者的心理结构等。

三、创新的扩散

1971 年，罗杰斯在《创新的扩散》一书中，主要研究了意见领袖对创新扩散的作用，将拉扎斯菲尔德的"两级传播理论"发展成"多级传播理论"。[①] 创新扩散的研究起源于一系列实证研究，如美国早期的农业社会学研究、公共健康研究和医疗学研究、沟通研究、营销和管理研究等，基于此出版了《创新的扩散》一书。

罗杰斯在该书中提出了创新扩散过程的四个要素，即创新、传播渠道、时间和社会系统。传播的过程包括知晓、说服、决策、证实四个过程，他还提出了著名的创新扩散 S－曲线理论。这一理论认为，在创新扩散的早期，创新扩散的速度比较慢，采用的人数很少，这部分个体被罗杰斯称为早期采用者，他们愿意率先接受和使用创新事物并愿意为之冒风险；当早期采用者人数扩大到居民的 10％－25％时，扩散进展突然加快，这一时期也被称为"起飞期"，曲线保持上升趋势；当发展到一定程度之后，在靠近饱和点的位置，进展又会减缓，整个过程类似于一条"S"形曲线。早期采用者这个看似"势单力薄"的群体能够在人际传播的过程中发挥很大的作用。罗杰斯认为，早期采用者是那些地位受人尊敬，通常是社会系统内部最高层次的意见领袖，他们可能并不是真正的领袖，而仅仅是早期知晓者。

创新扩散研究对传统意见领袖理论的发展在于改变了以往的"模式研究"，越来越多地转向过程研究。罗杰斯认为，创新扩散总是借助一

---

① Thomas W. Valente and Rebecca L. Davis, Accelerating the Diffusion of Innovation Using Opinin Leaders. Annals of the American Academy of Political and Social Science, 1999 (566): 55

定的社会网络进行的，在创新向社会推广和扩散的过程中，信息技术能够有效地提供有关的知识和信息，但在说服人们接受和使用创新方面，人际交流则显得更为直接、有效。

四、意识领袖研究中的几个关键问题

（一）意见领袖的测量与识别

意见领袖测量是一切意见领袖研究的基础，因为不同研究方法识别出的意见领袖可能很不相同。常用的意见领袖识别法包括提名法、自我报告法、社会计量法、观察法、关键人物访谈法，其中自我报告法和社会计量法被应用得比较多，以下简单介绍几种常见的测量方法。

1. 自我报告法

自我报告法又称内省法，是心理学中常用来研究人类心理活动的一种研究方法，即要求被试在回答问题时报告其心理活动。用自我报告法测量意见领袖时通常需要借助于各种量表。量表是调查人们主观态度的测量工具，意见领袖的测量量表是一组能够测量人们意见领袖心理素质的问题，通过累积被试在各项目中的得分，计算出意见领袖的得分。自我报告法在早期就为研究者所采用，有关意见领袖的量表也不断被修订，这种研究方法已逐渐成熟。

1955 年，卡茨和拉扎斯菲尔德在迪凯特研究中创建了第一个测量意见领袖的量表，被称为卡茨和拉扎斯菲尔德量表。该量表仅由 2 个问题构成，即分别询问被试：（1）最近你说服过别人接受你的政治主张吗？（2）最近有任何人就某个政治事宜向你寻求意见或建议吗？2 个项目得分加在一起计算出意见领袖的指数。由于该方法比较简便，他们还辅以了深度访谈法，请接受过建议的人依次指出对他们投票影响最大的几个人。虽然该方法被认为信度和效度都不高，但它开创了用量表来测量意见领袖的先河。

此后，一大批研究者开始对量表进行修订和完善，其中影响比较大的有 Rogers and Cartano 量表。该量表是 1962 年他们在研究农业方面的意见领袖时创建的，以后的许多量表都是在此基础之上进行修订。该量表共包括 6 个项目，这份量表除了考察被试自我报告的意见领袖素质外，还考察了其在与朋友交往中的意见领袖行为，该量表也被认为具有良好的信度和效度。虽然这种依靠量表的自我报告法简便易行，操作方便，但它的缺点也很明显，为许多研究者所诟病。Troldahn and Van Dam 认为，意见领袖量表测量的是被试自己认为的意见领袖的心理或行为，并不一定是真正的意见领袖。因此他们在使用 Rogers and Cartano 量表前增加了 8 个问题测量被试的知识水平，剔除那些自认为是意见领袖但事实上却不是的人。

King and Summers1970 年也编制了意见领袖测量量表，是在 Rogers and Cartano 的基础上进行修订的，增加至 7 个项目。该量表在市场营销领域应用较广，被认为具有很好的内部一致性信度，但数据处理过程比较复杂。Childers1986 年对 King and Summers 的量表又进行了修证，修订后的量表有 6 个项目，采用 Likert 计分法的形式，请被试根据自己的情况分别对 6 个项目进行 1-5 级评分，极大地简化了量表的形式和数据处理的难度，该量表也被认为具有良好的信度。此后，Flynn 等人在 1996 年也进行了修订，形成了 Flynn，Goldsmith，and Eastman 量表。Goldsmith 和 De Witt 在 2003 年对 Flynn 的量表也进行了修订，最终修订的量表包括 6 个项目，采用 1-7 级评分的方式，对被试在各个项目的表现进行测量，形式和操作更加简便，适用于商业、政治、健康等多个领域意见领袖的测量。

2. 社会计量分析

是对社会群体成员间人际关系进行定量测量的一种技术，这种技术主要分为资料搜集和分析两个部分。资料搜集阶段的主要步骤是确定"标准"，就是要指明被试进行选择的根据。意见领袖测量的一般做法是请被试列出几个对自己影响最大的人,早期拉扎斯菲尔德在发现意见领袖时便采用了这种方法,他通过请被试指出哪位专家是你信得过的,然后再访问这些专家来构建意见领袖的样本。1978 年,Hiss,MacDonald,Davis 也采用了提名的方式研究医疗领域的意见领袖,其基本步骤是给被试三段描述性的材料,请被试根据自己的经历对符合三段材料中的人物进行提名。Wright 等人也采用了类似的手段请被试对社区中的意见领袖进行提名,除了三段描述性的材料外,他们还增加了 3 个补充性的问题。Jacoby(1974)测量了一个互助会小群体中有关"衣着服装"方面的意见领袖,向被试询问几个问题,如"如果你要去参加一个比较正式的舞会,你会向谁询问穿衣服的建议?"、"如果你要买新衣服,你会请谁帮助你挑选?"要求每人依次列出 5 个人选,按名次顺序,从 6 分至 1 分赋予不同的分值,没有被同伴提名的得 1 分,排在第一位的评 6 分,那些得分比较高的群体成员将被视为意见领袖。Susan E.Davis(2006)采用社会计量法研究了美国图书管理专家中的意见领袖。社会计量法的使用也是有一定局限性的,他通常适合那种群体成员之间比较熟悉的团体,而不太适合大规模的调查研究。

3. 观察法

观察法指研究者根据一定的研究目的,在自然条件下有计划地用自己的感官和辅助工具去直接观察被研究对象,从而获取资料的一种方法。观察法一般分为核对清单法、级别量表法、记叙性描述法。观察法简便易行,观察所获得的资料均来自于观察者的直接经验,但观察法通常是对在一定情况中的少数个案的观察,观察对象数量少,并不具备普遍性。同时由于观察者自身的特点,观察结果也易受到个人主观态度的影响,容易导致观察结果的偏差。

4. 关键人物访谈法

关键人物访谈法在意见领袖研究中经常被作为辅助性的手段,如 1940 年拉扎斯菲尔德等人在伊利县研究中,他们就在俄亥俄州伊利县的登记选民中挑选了 4 个小组，研究者定期对这些选民进行访问。1955 年的迪凯特研究中除了自我报告法外，也增加了访谈法，对接受过建议的人进行深度访谈，从而更深入地了解意见领袖是如何扩散信息的。

（二）意见领袖的主要特征

意见领袖是什么样的人？罗杰斯、休梅克以及库普勒等人通过梳理几百项研究，力图从人口学统计指标、社会经济指标、媒体接触、社会地位、人格特征等方面勾勒出"意见领袖"的特征。通过他们的梳理发现，意见领袖属于"社交型"，经常参加政治组织、与多个不同性质群体保持联系。

政治领域与其他领域不同。在其他领域，意见领袖之间是平行的，人们更愿意选择他们社交圈内或同代的人，而政治领域的意见领袖却相反，这个领域的意见领袖是跨越阶层性的，有社会地位高的人，也有社会地位低的人（Katz and Lazarsfeld，2006）。受教育程度高和富有的拥有更多的机会参与或被认识，因而更容易被看成专家。Hamilton 等人却认为，舆论领袖的人口统计学指标、社会地位、社会背景、教育程度、性别、年度，未发现显著性区别（Hamilton，1971；Myers & Robertson，1972），仅仅在初期研究中发现舆论领袖与追随者之间存在社会地位差别（Katz & Lazarsfeld，1955，Troldahl&van Dam，1965）。

为了进一步了解不同文化背景下意见领袖是否具有相似的身份特征，Eric Nisbet 进行了一项意见领袖的跨文化研究，他对欧洲背景下，意见领袖的参与模式进行了有效性检验，采用 Roper ASW Test 对调查被试在近一年内是否有参与 Roper ASW 清单中所列出的 12 个活动进行了调查，满足 3 项以上者便被视为是有影响力的人物。研究发现，筛选出来的意见领袖占人群的 8%—14%，平均占 10%左右，意见领袖的一些特质具有跨文化的一致性，如高媒体曝光度、兴趣广泛、社会交往活动频繁，包括健谈、外向、谈吐佳等，但有一些特质却不具备跨文化的一致性，如教育程度、是否有野心等。同时他还发现，对外发布信息与搜索信息两种行为都是意见领袖形成的内在机制。

在意见领袖的媒介接触方面，Decatur 发现舆论领袖更多使用大众媒体并更多受到媒体的影响（Katz & Lazarsfeld，1955），在具体的媒介接触行为方面，舆论领袖更多读报，较少看电视或听广播（Troldahl & Van Dam，1965；Schenk & Russler，1997）。而有些研究者却认为舆论领袖并不比其他人更多使用媒体，他们使用媒体更多出于"认知倾向（cognitive orientation）"（Levy，1978），意见领袖更多与朋友或亲属谈论媒体报道内容（Hamilton，1971）。

关于意见领袖的一般性与特殊性方面，大多数研究者都认为意见领袖只是某个领域方面的专家（Goldsmith & Hofacker，1991；Rogersand Cartano，1962），或者同时是几个相关领域的专家（King & Summers，1970）。James H. Myers 和 Thomas S. Robertson 认为，自我报告的意见领袖与特定领域的知识水平、讨论及兴趣有关。意见领袖的领域具有重合度，尤其是相关领域，但并不存在跨越所有领域的一般性的意见领袖。

（三）意见领袖的应用

意见领袖的概念被发现后被广泛地应用于许多领域，尤其是医疗、营销、政治、时尚等领域。在迪凯特研究中，卡茨和拉扎斯菲尔德就对意见领袖在市场营销、流行时尚、公共事件以及电影方面的影响力进行了研究，发现意见领袖是那些被同侪认为在某一特定问题上具有特殊能力的个人，再一次否论了大众传播媒介的"强效果"理论。罗杰斯认为，在创新扩散的一系列过程中，那些早期得知消息而早期采用创新方法的人即是系统中的意见领袖。Mendelsohn（1996）也认为意见领袖的言论具有较大的影响力和推动作用，意见领袖的影响要大于媒体的影响。因此不论政府、商界都极其重视他们的作用，尤其在企业产品营销、宣传推广等方面。Rallings 和 Colin（2004）对大选中舆论压力

下的意见领袖进行了研究，强调了舆论压力对意见领袖的影响①。而
Polit Behav（2010）最新的研究则重申了精英型意见领袖对舆论的影响
和作用，意见领袖能够影响大众对新闻媒体的态度②。Kenny K. Chan
& Shekhar Misra 研究了口碑传播过程中意见领袖的特质，研究发现除
了个人卷入度和产品熟悉度以外，意见领袖自身的个性是另一个区分意
见领袖与非意见领袖的变量，而风险偏好、态度开放、高媒介接触度虽
然与意见领袖相关，但这些指标并不能很好地预测意见领袖③。

---

① Rallings and Colin，Elections and Public Opinion：Leaders Under Pressure. Parliamentary
Affairs，2004. 57（2）：380—395

② Polit Behav，The Neglected Power of Elite Opinion Leadership to Produce Antipathy To-
ward the News Media：Evidence from a Survey Experiment. Journal McDonald Ladd，2010（32）：
29—50

③ Kenny K. Chan，Shekhar Misra. Characterisitcs of the opinion leader：a new dimen-
sion. Journal of Advertising，1990（19）53—60

第二章

互联网催生新的意见阶层

意见领袖的研究发轫于大众传播的"强效果"时期，那个时候大众传播被认为具有强大的影响力，认为大众传播能够左右人们的态度和意见，甚至直接支配他们的行动。而意见领袖理论打破了"强效果"理论的假说，指出大众传播的效果并非那么直接和有效的，提出了"两级传播"以及此后的"多级传播"。由此可以看出，传统意见领袖概念本身也一直处在发展的过程中，当意见领袖的传播环境、所处的阶段发生改变之后，人们对意见领袖的认识也在发生改变。网络传播环境下，意见领袖发生了哪些改变？

一、互联网的兴起

网络一词本身具有多重属性。从技术角度来看，网络是指若干台地理位置不同、具有独立功能的计算机，通过通信设备和线路相互联接起来，以实现信息传输和资源共享的一种计算机系统①。在中国，网络一般也指互联网，虽然从技术的角度来看，网络与互联网是两个概念，互联网是一种全球性的计算机网络，是网上之网，它连接着全球成千上万个大大小小的网络。但互联网是人们接触得最多的一个网络，同时它又包容了各种各样的网络，因此，将网络与互联网等同理解，在多数情况下是可以被接受的。

19 世纪末，互联网开始进入中国。1994 年 4 月 20 日，NCFC 工程通过美国 Sprint 公司接入 Internet 的 64K 国际专线开通，实现了与 Internet 的全功能连接。从此中国被国际上正式承认为真正拥有全功能

---

① 彭兰.中国网络媒体的第一个十年.清华大学出版社.2005：2

Internet 的国家。1994 年 5 月，国家智能计算机研究开发中心开通曙光 BBS 站，这是中国大陆的第一个 BBS 站。1995 年 1 月，中国第一份中文电子杂志《神州学人》问世，向广大在外留学人员及时传递新闻和信息。1996 年，国务院还发布了《中国公用计算机互联网国际联网管理办法》，同年，外经贸部中国国际电子商务中心正式成立，当时提供的网络服务主要包括查询信息、收发电子邮件、下载共享、游戏娱乐、聊天、电子商务等，各种社会化的应用开始逐项启动。但 1994 至 2000 年主要是探讨互联网技术的发展，还未开始大规模尝试网络的社会化应用。2001 年以后互联网技术有了质的提升，互联网使用由专业技术人员、网络公司为中心转变为以互联网用户为中心，这些变化使互联网功能更为强大，应用范围更加广泛①。

（一）论坛：开启匿名化的公共交流

BBS 诞生于 20 世纪 70 年代的美国，它类似于一块公共电子白板，每个用户都可以在上面书写、发布信息，或者给出看法，进行讨论和沟通。它是一种基于远程登陆协议访问的互联网应用形式，那时还没有浏览器、搜索引擎、个人网站，当时 BBS 的功能主要用于成员间的信息交流与通讯。而随着 WEB 技术的发展，基于 WEB 技术的 BBS 开始更加强调主题性与交流性，于是诞生了论坛。进入 20 世纪 90 年代，BBS 的主要应用功能转移到论坛上，也就是我们通常理解的 BBS 的概念。

1991 年，北京的罗依架设了中国第一个 BBS 站——"中国长城站"，这时的 BBS 称为 PC BBS。1994 年，中国大陆第一个互联网 BBS——曙光 BBS 站成立，隶属于中国科学院，当时十亿的人口只有几千人的互联网用户规模。20 世纪 90 年代中期，以 BBS 和新闻组为主要形式的网络社区进入导入阶段。1995 年，马化腾建立深圳站区，1996 年开始迅速发展，"西线" BBS 站、"西点" BBS 站，四通利方论坛纷纷成立，1997 年开始

---

① 马钰. 解读互联网发展的新阶段：Web2.0. 新疆财经学院学报. 2007（3）：72

大量出现，猫扑、嘉星论坛、网易 BBS 以及随后的西祠胡同、西陆、天涯、强国论坛等纷纷成立，论坛的功能不断完善，内容涉及的领域无所不包，论坛进入第一代的全盛发展时期。20 世纪 90 年代末及 21 世纪初是我国互联网发展的第一波热潮期，也是 BBS 发展的第一次高潮期。这一时期，互联网作为一种新兴事物，被认为具有广阔的市场空间。

国内的 BBS 站，按其性质划分可以分为商业 BBS 站和业余 BBS 站，由于使用商业 BBS 站要交纳一笔费用，且商业网站提供的服务与业余站相比并没有什么优势，因此用户数量不多，业余 BBS 站却受到早期电脑爱好者的青睐。这里的业余并不代表这种类型的 BBS 站服务的技术水平是业余的，而是指这类 BBS 站的性质，这类网站都是由志愿者所开发，他们付出的不仅是金钱，更多的是精力。通过基于个人关系的 BBS 站，各地的用户都可以通过本地的业余 BBS 站与异地的网友互通信息，渐渐形成了一个全国性的电子邮件网站（中国惠多网）。随着计算机及其外部设备的大幅降价，BBS 才逐渐被更多人所认识。

在 BBS 研究的早期，它主要被作为一种新的传播形式被介绍到国内，包括 BBS 的技术问题与应用、BBS 的功能和服务、BBS 区别于其他媒介的特点等。孟超（2001）认为，BBS 实现了其他任何媒介在现实中和技术上不可能实现的多元言论空间。周葆华（2003）介绍了 BBS 对中国国际报道和国际时政讨论的拓展。BBS 的管理也是中国研究者比较关注的议题。彭兰（2003）研究了网民的阅读习惯，提出了要完善 BBS 的意见发布环境。曾凡斌（2002）从突发公共事件的角度，对 BBS 的舆论特点进行了探索，并提出了管理 BBS 的四条建议：构筑 BBS 的道德；合理设置 BBS 的议题；培养舆论领袖；鼓励舆论监督。

还有学者从网络权力的角度探讨 BBS 的组织机构、权力运行机制以及意义的形成过程，如祁林（2003）和周濂（2003）都认为，BBS 中存在着权力分层的现象，可以分为四个等级：网管、版主、资深网民和一般网民，BBS 中的话语权力斗争主要表现为某些群体以自己的旨趣对其他群体的旨趣进行框定。翟本瑞（2004）在《网络空间中的权力动作》一文中也指出，网络权力就在于谁能以何种立场，建立一套对自己有利的网络规范，并要求他人依此原则在网络空间中从事活动。郭茂灿（2004）以天涯社区为例，探讨了虚拟社区中的规则及其服从。而台湾国立交通大学传播研究所的吴美莹（1997）以台大政治版为例，探讨了网络的规范问题。

关于 BBS 是否具有公共领域的功能，研究者的态度大致可分为两派：一派认为 BBS 是中国公共领域的曙光。如闵大洪（2001）乐观地认为，随着强国论坛等主流媒体网站开设的论坛的影响力不断提升，网上舆论会带来中国社会的进步。许英（2002）认为，随着互联网的普及、生活政治在市民生活中的崛起，互联网会促进网上公共领域的形成。吴烨（2005）也认为，BBS 是现代意义上的公共领域。而另一派学者则并没有这么乐观，他们认为，目前的论坛发言状态并未达到公共领域的标准。如新一周（2001）以强国论坛为例，探讨了网络论坛潜水区算不算公共领域的问题。龚浩群（2003）则认为，从"9·11事件"所引发的媒介事件来看，中国的公共领域还处于离散状态，未能形成有效的对话平台。刘琼（2003）也认为，网络不过是一个"公共话语的狂欢世界"。彭大权、吴玫（2005）认为，需要实证地探讨网络论坛是否是公共领域的问题，彭还提出了测量互联网对公共领域影响的四个指数：媒介、对话、公共舆论与参与。台湾交通大学传播研究所的学生黄学硕（1997）则以交大 BBS 站为例，以哈贝马斯的"交往行动理论"和"公共领域"来检视网上讨论公共事务的过程。研究发现，网络 BBS 讨论层次不够深入，讨论多批评，少赞扬，网络素养不足，导致讨论的品质较差。

BBS 环境下人的交往行为也成为许多研究者着墨较多的领域。早在 2001 年，唐大勇、施喆就以"中美撞机事件"中强国论坛的讨论为例，探讨 BBS 中是否存在相对比较固定的虚拟社群的问题。钟瑛，刘海贵（2003）对 BBS 中的 ID 命名进行分析，探析了网络身份的意义。

社会学研究者更加关注 BBS 中的互动及交往特征以及由此所产生的人际关系和信任，虚拟世界与现实世界的比较等。有学者运用社会关系矩阵法对 BBS 空间中的交往特征进行测量，包括交往的规模、点出度、点入度等，发现网络交往方式仍受到日常行为惯例等因素的影响。

但相比于人气极旺的中文 BBS，国外 BBS 并不存在复杂的管理机制和舆论调控行为，对于 BBS 的研究重点主要在于对网络社会、虚拟社区方面的影响，比如对虚拟社区的自身特点、在不同领域和人群的扩散、使用动机、行为方式、人际关系、价值观念、社会效果、BBS 的规范和管理、议程、议题的建构等。著名的研究成果有曼纽尔·卡斯特的《网络社会的崛起》、霍华德·莱茵戈德的《虚拟社区》以及尼尔·巴雷特的《数字化犯罪》等。

（二）博客：开启个人意见的公共表达

博客，来源于 weblog，也被简写成 blog。主要包括博客空间和博客作者两个部分。博客空间是指由 BSP 提供的、网民通过注册获得使用资格的一种网络空间，网民可以在上面发表自己的言论、观点等供他人浏览。而博客作者就是指注册了博客空间的人。它的基本特征是：网页主体内容由不断更新的、个人性的众多"帖子"组成；按照时间的先后顺序排列；内容可以是各种主题、各种外观布局和各种写作风格，但文章内容必须以"超链接"作为重要的表达方式。我国学者孙坚华也对博客下过一个比较完整的定义，他认为博客一般包括三个方面的内容：一是其内容主要为个性化的表达；二是以日记体方式而且频繁更新；三是充分利用链接，拓展文章内容、知识范围以及与其他博客的联系。我国最早的博客网——"博客中国"是这样描述博客的：博客是网络时代的个人"读者文摘"；博客是以超链接为武器的网络日记；博客是信息时代的麦哲伦；博客代表着新的生活方式和新的工作方式，更代表着新的学习方式。通过博客，让自己学到更多，让别人学到更多。从这些学者对博客的定义及描述可以看出，博客这种传播方式是一种个人表达思想的网络平台，内容以网络日志的形式和链接的方式按照时间的先后顺序呈现。博客也是博客作者借以实现博客传播的一种媒介，正如美国《连线》杂志对博客这种"新媒体"的定义：博客是由所有人面向所有人进行的传播。它使每个人不仅有听的机会，而且有说的条件。

美国政治博客的兴起。博客最早出现在美国，1997年12月，Tory Barger开始使用"Weblog"来描述博客。1999年，Peter Merholz以缩略词"Blog"来命名博客，成为今天最常用的术语。1998年克林顿总统与白宫助理莱温斯基的"性丑闻案"使博客开始受到人们的关注。由马特·德拉吉创办的Blog网站发布了这条消息之后，一夜之间，《德拉吉报道》闻名全球，该网站的日访问量增至1.2万人次，这是新闻事件首次让世界认识到了博客的力量。2001年"9·11事件"发生之后，博客也成为重要的新闻源，飞机撞上第一幢时就有博客作者把自己所拍的照片迅速传到网上，而且同一时间还出现了专门为人们获得亲人的安全状况而寻人的网站。同时，博客在美国的政治生活中也担当着重要的角色，伊拉克战争期间，博客作者萨利姆·帕克斯一直撰写并张帖有关巴格达局势的文章，每天有成千上万的人登录互联网搜索他的博客；2004年的总统大选，民主党和共和党分别邀请知名媒体记者和部分博客作者一起参加大会，博客首次参与报道大选过程，成为可信赖的媒体。据此可见，政治博客在美国具有很重要的地位，据2005年对美国400多个访问量最大的博客网站的观测显示，在美国，政治博客是最流行的，其次是生活博客、科技博客和女性博客。

博客在中国的兴起。2002年博客的概念被引入到中国，2002年8月，我国互联网实验室的创始人方兴东创办了"博客中国"网站，2005年Web2.0技术开始进军中国互联网①，博客得到规模性增长。据CNNIC

①　徐东英.Web2.0发展经历的几个阶段.赛迪网，2006年8月15日 http：//news. xinhua-net. com/newmedia/2006—08/15/content_ 4964536. htm

最新的数据显示，自 2007 年开始，博客的应用率有了很大提升，超过了论坛的应用。

単位：万人

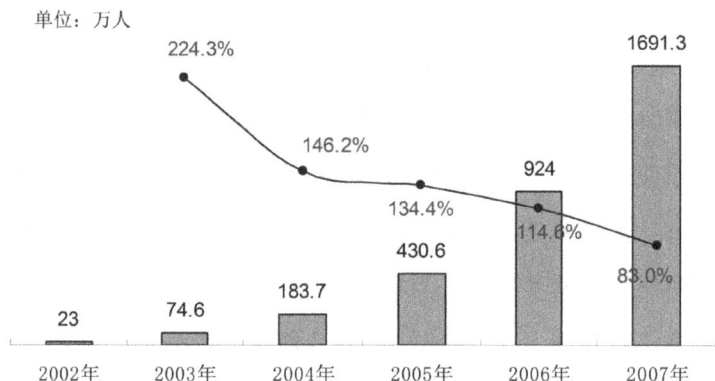

图 1　中国博客的应用情况

（三）微博：开启社交媒体的时代

微博，即微型博客（micro blog）的简称，也是博客的一种，是一种通过关注机制分享简短实时信息的社交网络平台。微博最早来源于西方的 Twitter。2006 年，美国 Abvious 公司推出了世界上第一个微博网站 Twitter，在接下来的短短几年内，Twitter 便席卷全球。据 Semiocast 发布的最新统计数据显示，截至 2012 年 7 月 1 日，Twitter 用户数已突破 5 亿大关，成为仅次于 Facebook 的全球第二大社交网站①。

我国微博的发展可追溯至 2007 年，国内最早成立的微博网站是饭否网，随后一大批微博网站相继上线，如叽歪、做啥、嘀咕网等，但影响力都比较小。直到 2009 年新浪微博上线，2010 年腾讯也开通了微博服务，随后国内几大门户网站如搜狐、网易等均开通了微博网站，人民网也于 2010 年开通了人民微博内测版，微博迅速崛起而成为国内最具影响力的信息平台。据 CNNIC 发布的数据显示，2010 年微博快速崛起，近半数的网民在使用，比例高达 48.7％。2011 年的微博用户数为

---

① http://www.36kr.com/p/141021.html

1.37 亿，而截至 2012 年 12 月底，我国微博用户规模为 3.09 亿，手机微博用户 2.02 亿[①]。据社科文献出版社 2012 年发布的《新媒体蓝皮书：中国新媒体发展报告（2012）》显示，中国已成为微博用户世界第一大国[②]，微博已经成为人们不可或缺的信息交流平台。

国外关于微博的研究主要体现在政治活动和商业活动中。首先，微博在政治选举活动中扮演重要角色，2008 年的美国总统大选，奥巴马在 Twitter 上注册帐户，其营销团队通过 Twitter 向用户进行信息反馈，最终使得奥巴马成功获得了 15 万粉丝的支持，最终当选为美国总统，他也被外界称为是"电子总统"。2009 年伊朗大选，伊朗政府企图封闭手机和互联网，杜绝国外任何媒体的采访，全面控制舆论，此时 Twitter 成为反对者与外界沟通的唯一渠道，向外界发布消息。与此同时，国外研究者对于微博在商业领域的研究也比较成熟。如美国学者 Warren Whitlock（2008）撰写的《Twitter Revolution：How Social Media and Mobile Marketing Is Changing the Way We Do Business & Market Online》从企业的角度分析了微博对于企业运营的影响。除此之外，Joel Comm、David Meerman Scott 都就微博对于企业营销的影响进行了专门的论著。美国著名的社会性媒体记者谢尔·以色列的《微博力》更全面地阐释了企业、个人如何利用 Twitter 进行商业营销。

微博虽然兴起的时间很不长，但关于微博的研究却呈现出了爆发式的增长。截至 2012 年底，笔者以"微博"为关键词，在知网中搜索到的相关文献多达 22552 条。博硕士论文就有 272 条，其中 2010 年仅 15 条，2011 年便激增至 122 条，2012 年 135 条。可以说微博发展的热潮也带动了学界对于微博研究的热潮。从研究内容和领域也可以

---

① 第 31 次中国互关网络发展状况统计报告．中国互联网络信息中心，2013 年 1 月，http：//www.cnnic.net.cn/hlwfzyj/hlwxzbg/hlwtjbg/201301/t20130115_38508.htm
② 中国微博用户数世界第一．海峡都市报，2012 年 10 月 8 日，http：//news.sina.com.cn/o/2012－10－08/053925311187.shtml

看出，微博不但作为一种新的传播方式带来了巨大的改变，也给社会生活的方方面面，包括经济、社会、交流与交流方式及生活方式都产生了巨大的影响。

有人说，微博集博客、社交网站、手机短信和 M 四大产品的优点于一身，微博传播具有原创性、快捷性和交互性等特点。夏雨禾基于新浪微博的互动关系研究了微博互动的结构与机制，提出微博是一个文化性、个人性和情绪性的互动空间，关注程度和角色意识的强弱均与角色扮演的空间呈明显负相关关系，链状、环状、树状对话结构同时并存，而且他认为，在现实社会话语权力空间中处于"弱势的草根"将有可能成为微博互动再建构的主导性力量。① 卢金珠等人阐述了微博客较之其他产品更加注重单向关系的特点②。

不同于传统的一对一的交往方式，这更符合标准用户的实际社交方式，也增加了社交关系的复杂度。彭兰也认为，微博客并不是博客的一种简单延伸，它把即时通信、SNS 和博客等网站的特点结合起来，从而在新闻传播方面形成综合的优势。微博传播的特性也有利于公民新闻的主体更加多元化，人们的参与更加持续化、制度化③。微博的信息传播呈现了一种人际传播和大众传播相混合的传播机制，打破了传播的二级传播模式，一方面传者与受者之间的界限被打破，另一方面信息获取和发布手段被极大简化，可以通过一个搜索引擎轻而易举地接触与获取信息。在实践中，受众很少再从中间媒介获取二手信息（Case，Johnson，Andrew，Allard & Kelly，2002）。

微博的兴起对公共领域产生了极大的影响，微博开始成为重大新闻事件以及突发事件的报道平台，并实现为突发性公共事件设置议程

① 夏雨禾. 微博互动的结构与机制——基于对新浪微博实证研究. 新闻与传播研究，2010（8）：60

② 卢金珠. 微博客传播特性及盈利模式分析. 现代传播，2010（4）：127－130

③ 彭兰. 微博客对网络新闻传播格局与模式的冲击. 新闻学论文集（第 24 期），2010；141－149

及释放社会话语空间的功能。夏雨禾（2011）基于"抚州爆炸案"和"增城聚众滋事事件"这两起事件中新浪微博的 6 个样本微博和 550 个消息样本的数据，对突发事件中微博舆论的分布形态、构成要素、生成机制和模式等问题进行了深入研究，研究发现，选择近距离"围观"已成为舆论集结的趋势性特征；实名主体的"谨慎"和匿名主体的"超脱"使得"沉默的螺旋"理论呈现相反的逻辑；承载舆论的互动网络在规模和质量上各有差异，质疑性质的舆论同时占有规模和质量上的优势①。

新媒介环境下，个体能力的增强使得人们已不是被动地接受信息，而是主动地创造、传播信息，议程设置理论所依据的"拟态环境"的背景已发生了变化②。王金礼，魏文秀（2011）以"随手拍解救乞讨儿童"活动为例，验证并阐释了微博超议程设置功能的一般特征③。而田维刚，付晓光（2012）则认为，传统大众传播媒介中传者的"传播特权"在微博这里不存在，进而导致媒介深层控制缺失，议程设置功能弱化了，但仍然存在，只是以一种比较软性和潜在的方式存在④。也有人认为是平面媒体造就了微博的力量。没有平面媒体的配合，没有社会行动，网上的舆论再沸腾，也不会产生压力。由于普通个体用户作为信息发布者所输出的信息是有限的，关注社会事件、发表自身评论观点就成为必然。微博除了从传统媒体上获得信息外，微博上的少量信息也成为传统媒体的新信源，同时也在新的空间里加强了媒体与公众的联系，扩大传统媒体在网络世界中的影响力，对传统媒体进行信息上的反哺。

---

① 夏雨禾．突发事件中的微博舆论——基于新浪微博的实证研究．新闻与传播研究，2011（5）：43

② 高宪春．新媒介环境下议程设置理论研究新进路的分析．新闻与传播研究，2011（1）：18

③ 王金礼，魏文秀．微博的超议程设置：微博、媒介软议程互动——以"随手拍解救乞讨儿童事"件为例．当代传播，2011（5）：69

④ 田维钢，付晓光．大众传播理论在微博环境下的有限性和有效性．现代传播，2012（3）：141

（四）微信：开启移动化时代的互联互通

微信是继微博之后又一个在中国迅速崛起并获得规模性增长的互联网应用，早在 2010 年腾讯就已经进行了微信业务的开发阶段，及至 2013 年腾讯发布了微信 4.5 版本，接近于我们现在所用的微信版本，用户数获得了大规模增长。几乎每一次的版本更新都精确地抓住了用户的需求点，所以微信刚一上线就获得了近 1 亿的使用用户。

微信主要是通过手机端接入，是一个典型的移动互联网时代的产品，具有移动传播的许多特性。所谓移动互联网，简言之就是移动通信和互联网的结合体，使用者可以通过手机、平板电脑等可移动终端与互联网连接。移动互联网的传播技术早已有之，早在 2000 年左右，移动通讯设备就可以通过 WAP 协议接入互联网，而随着智能通讯设备和无线宽带网络的普及，移动互联网在全球发展迅猛。

中国是名副其实的手机大国，也是名副其实的移动网络大国，移动媒体作为新媒体家族的重要成员，已经成为人们日常生活基本配置的一部分。所谓移动媒体，指个人的、便携式的、用户控制的、交互的、能接入互联网的、可实现用户之间和用户与网络之间信息交换与共享的平台。而移动传播，就是基于移动媒体的传播[①]。随着移动网络的快速崛起，移动平台已经超越传统的台式电脑成为接入互联网的主要方式，移动传播成为继网络传播之后兴起的又一新兴领域，正在引领全新的传播范式。

移动互联网也正在重构当下的传播环境，人民网舆情监测室在《2013 年中国互联网舆情分析报告》中指出："移动互联网在一些突发事件和公共议题上开始成为新信源，我国移动舆论场已初步形成"。2015 年移动媒体的影响更加深入，中国的大众传媒舆论场上，微博、微信、新闻客户端成为很多中国人了解新闻时事的第一信源，特别是

---

① 邹军. 移动传播研究：概念澄清与核心议题. 新闻大学，2014（6）：71－81

拥有月活跃用户 6.5 亿以上的微信成为社会舆论的新引擎。

二、新的意见阶层崛起

(一) 网络意见领袖的崛起

网络意见领袖，也被称为"虚拟意见领袖"、"虚拟舆论领袖"，是互联网产生以后出现的新兴事物。无论在什么样的时代，意见领袖一直存在，并非互联网催生的意见领袖，而是网络媒介更好地捕捉到了民众日益强烈的信息需求，并且放大了这种需求，于是才成就了网络意见领袖。但目前关于网络意见领袖的研究还远没有成熟，对于网络意见领袖的定义也并没有统一的认识，下面是关于网络意见领袖的几种比较有代表性的定义。

1. 国外研究者对网络意见领袖的定义

网络意见领袖的第一种定义是仍沿用传统的意见领袖的定义，即认为网络意见领袖是在互联网上为他人提供信息，同时对他人施加影响的活跃分子，研究方法也多依赖于传统意见领袖研究所使用的自我报告法或问卷调查法。除此之外，美国 Burson-Marsteller 公司在 2002 年的调查中，将互联网"重度使用者"也定义为舆论领袖。他们认为，"虚拟意见领袖"通过在聊天室、论坛、公司网站和博客上进行的信息传播而创造或改变舆论、构建潮流、引领时尚、左右股市[①]。另一种比较有影响力的看法是日本学者提出的，他们采用的是数据挖掘技术，从讨论内容和论坛用户交往两个方面来测量网络用户活跃程度，并假定论坛影响力最高的用户即为论坛舆论领袖。

2. 国内研究者对网络意见领袖的定义

国内学者对网络意见领袖的研究颇丰。有学者认为，网络意见领袖

---

① Reid Goldsborough. The influence of active online users. Black Issues in Higher Education. 2002.19（5）：30－31

是那些在网络群体性交流场所中，热衷于传播信息、表达观点和意见的人；也有学者认为，互联网出现以后开启了"意见领袖的民主化"进程，能够持续提供信息和意见的个人都在某种程度上扮演着意见领袖的角色。还有研究者从网络意见领袖的身份与角色功能来定义网络意见领袖，如有人认为，网络意见领袖主要是论坛版主和网络写手；也有人认为，由网友和专家评选出的"十大网友"是名副其实的意见领袖。还有一批研究者从意见领袖的操作性定义来界定网络意见领袖，如社会网络分析法用度、中心度、结构洞等几个指标来衡量意见领袖的影响力，网络意见领袖被认为是那些在网络传播中最有影响力的节点，这些节点大多位于网络的核心位置，具有更多的连接节点或结构洞。数据挖掘技术通常将网络社区成员划分为不同的类型，网络意见领袖被认为是那些比较活跃的、帖子认同值比较高的用户。但不同的测量方法所识别出的意见领袖可能是不同的。

综上可见，网络意见领袖与传统的意见领袖有一定程度的重合。从西方学者所做的一些跨文化研究来看，各国网络意见领袖都有一些共通性，如热衷于传播信息、表达观点、比较活跃，能够影响别人的观点或看法。同时，网络意见领袖又有一些特殊性，这种特殊性首先体现在网络意见领袖产生影响的环境发生了变化，网络意见领袖的发展与互联网的发展是息息相关的，不同网络传播环境下的意见领袖具有不同的特性，这就使得网络意见领袖的概念更为复杂。网络意见领袖的研究方法也具有一定的独特性，传统意见领袖的识别大部分是人际传播过程中通过自陈的方式选出，而网络意见领袖的识别主要是在大众传播的过程中，通过外显的、量化的网络数据进行识别。网络意见领袖研究者在获取数据方面更加被动，同时又由于网民群体基数大、鱼龙混杂，更增加了网络意见领袖识别的难度。

（二）网络意见领袖的传播生态

互联网的兴起，使许多基于大众传播模式建立起来的传统的传播理论出现了一定的不适应性，意见领袖理论也是其中之一。那么在网络环境下，意见领袖都发生了哪些变化呢？笔者认为主要包括以下几个方面。

1. 传播形态的多元化使网络意见领袖的传播效果更加复杂化

传统媒介格局下的意见领袖被认为是人际传播中的活跃分子，他们经常接触媒介，接收信息的渠道比一般的受众丰富。而网络传播环境下，网络意见领袖所处的网络环境更加复杂，既有门户网站中网络新闻由上至下的大众传播，也有论坛、博客、微博等由下至上和平行的传播平台。信息传播渠道的多元化使网络意见领袖不再像传统意见领袖那样需要从大众传播媒介那里获取资讯，然后经他们再加工后传给一般受众，产生影响。网络传播环境的复杂使得网络意见领袖的影响力更加复杂。

第一，网络传播兼具有大众传播和人际传播的功能，传统媒体环境下意见领袖的特点还有所保留。许多网络传播媒介都能够实现一对多、多对多的传播，其本身具有大众传播的功能，大众传播环境仍是网络意见领袖进行信息传播的媒介环境之一。另外，网络意见领袖群体中仍有很大一部分人是传统媒体环境下的精英人物，大众媒体对于网络意见领袖的影响犹在。

第二，互联网本身的发展使得网络媒体的传播环境更为复杂。从web1.0到web2.0技术，互联网应用越来越多，BBS、论坛、邮件、即时通信、博客、视频网站、门户网站、微博，及至现在的互联网与移动通讯手机的捆绑，每种互联网产品都有不同的传播特性。在网络意见领袖比较容易形成的论坛、博客、微博中，网络意见领袖的身份在不断变化，其传播效果也大不相同。

第三，在网络传播活动中，网民的主动性、参与性更强了，传者和受者之间的界限变得更加模糊，网络意见领袖与追随者之间的界限也越来越模糊。网络意见领袖不仅仅能通过接触传统的大众媒体，自上而下地获取、接收信息，还能够完成对信息的发布与传播。这在我国媒体管制还比较严格的现阶段，应该说是具有一定积极意义的。虽然这种积极意义并不代表着彻底的舆论监督自由，但它打开了公民新闻活动的一个口子，在一些传统媒体不能触及的敏感话题中发挥了很大的作用。如"7·23温州动车事故"中，微博成为此次事故中的一个重要发声渠道，涌现了大量的网络意见领袖，这些人既是传播者，也是接受者，借助微博意见领袖和传统媒体的影响，推动着政府不断发布信息，对现实产生了广泛的影响。

2. 网络意见领袖的测量更为复杂

传统意见领袖测量的往往是人际传播过程中意见领袖的影响力，意见领袖与追随者之间比较熟悉，而在网络环境中，每个意见领袖变成了一个ID，人际间的交往被文本交流所取代，网络意见领袖的身份具有不确定性。同时，网络意见领袖的影响力既有人际传播的特点，也有大众传播的特点。网络意见领袖可以通过论坛、博客、微博等多种载体与网民及大众媒体进行信息交流，不同的媒介产品有不同的传播特性，很难对网络意见领袖这一概念进行统一的测量。而且各种媒介之间的融合也使得网络意见领袖影响力扩散的渠道也更加多元化，很难测量出某一传播平台下的网络意见领袖的影响力是来自于单一平台还是多种媒介渠道的综合作用，因此网络意见领袖的影响和作用方式变得更为复杂。

3. 网络意见领袖与追随者及其他网络意见领袖之间的相互影响

传统的意见领袖研究更加关注意见领袖与追随者之间的关系和行为，意见领袖与追随者是二分的，通常认为意见领袖会对追随者产生影响，而并不关注追随者对网络意见领袖的影响以及意见领袖与意见领袖之间的交往与互动行为。而在网络环境下，网络意见领袖与追随者之间并没有严格的界限，网络意见领袖与网络意见领袖之间也可以相互对话和交流，特别是论坛时代，网民的身份完全匿名化，许多网络意见领袖之间的影响力正是通过不断与他人对话的过程中建立起来的，这是网络意见领袖区别于传统意见领袖的地方。

4. 网络意见领袖地位的不稳定性

大众传播环境下的意见领袖，其地位是比较稳定的。而在网络传播环境下，追随者判断网络意见领袖的标准是其帖子的质量、在网络上的活跃度、是否被网民认可等指标，一旦不具备这些条件，很容易被别人所取代。如"强国论坛"每年都会评选"十大网友"活动，而每年入选的网民都不尽相同，每年都有新的网络意见领袖新星出现，而在微博这样信息更替、流动速度非常快的平台上，网络意见领袖的更迭更加频繁。因此，网络意见领袖相比传统意见领袖而言，更加不稳定。

（三）网络意见领袖的识别

网络意见领袖都是哪些人？众说纷纭。陶文昭（2007）认为，互联网中活跃着一些意见领袖，他们来自各种不同的背景，主要成分是网络知识分子①。周玉琼以强国论坛十大网友为例，分析了网络世界中的意见领袖，提出意见领袖是那些发帖、回帖非常积极的论坛参与者，且大多数为男性②。贾文凤认为 BBS 舆论领袖包括论坛版主和靠自己独特的思想和见地、勤于笔耕在论坛中赢得了较高声望的写手两部分。惠恭健（2008）认为，互联网时代只要具备娴熟的网络操作、个性化的文字表达、独到的话题分析等能力，任何网络用户都有可能成为意见领袖③。申雪凤（2008）认为，在网络媒介条件下，一些思想敏锐和行动积极的人，对热点事件最先形成看法和观点，在虚拟公共空间发布信息，引发网络公共舆论空间形成的人可被称为网络意见领袖④。

由上可见，要回答清楚这个问题并不容易，网络意见领袖的研究相对于传统意见领袖来说更为复杂，一方面是网络传播环境的复杂性与多

---

① 陶文昭．重视互联网的意见领袖．中国党政干部论坛，2007（10）：27

② 周玉琼．网络世界中的意见领袖——以强国论坛"十大网友"为例．当代传播，2006（3）：49

③ 惠恭健．大学生 QQ 群聊中"意见领袖"探析．南京邮电大学学报（社会科学版），2008（3）：41—45

④ 申雪凤．网络环境下"意见领袖"嬗变．广西大学学报，2003（6）：4

样化使得意见领袖的识别方法更难统一。互联网的应用非常多，论坛、即时通讯、邮件、各类 SNS、博客、购物网站、视频网站、微博、轻博客及微信等产品，媒介产品的多元化使传统意见领袖研究方法并不能完全适于网络意见领袖的研究。目前关于网络意见领袖的研究大多以某一单一媒介为例来研究网络意见领袖的识别问题，其中探讨最多的就是论坛和微博意见领袖的识别，也有少量文献是探讨 QQ、豆瓣、视频网站、博客等媒介的意见领袖，但数量很少。尽管如此，在许多前人的努力下，网络意见领袖的识别问题已经取得了很大进步，研究方法更加多元，也取得了一些共识。目前关于网络意见领袖的识别方法主要包括以下几种方式。

1. 提名法

网络意见领袖的提名法主要依靠网民推选和专家评选的半民主选择方式，首先由网民和评审委员会的专家推荐候选人，然后由网民投票产生候选人，最后再由评审委员会在其中选出十位。这种半民主的评选方式从 2001 年起由强国论坛开始发起，此后，天涯论坛、新华网论坛、网易论坛等都在每年年末进行十大网友的评选活动。这些评选出来的网友大多在网民中具有很高的威望，他们发帖频繁，积极参与论坛讨论，被视为网络社区中的意见领袖。周玉琼（2006）在"网络世界中的意见领袖"一文中就以强国论坛 2004 年的十大网友为例，首次比较详细地分析了网络意见领袖的特征及影响力。夏雨禾（2010）从微博人气关注榜前十名中抽取 1 名用户，从草根人气排行榜前十名各随机抽取 1 名用户，从普通匿名用户随机抽取 4 名用户，从粉丝排行在前十的媒体用户中随机抽取 2 名用户，共选取了 10 名用户作为微博意见领袖的研究样本，研究了微博互动的结构与机制[①]。提名法是一种比较简便的方法，

---

① 夏雨禾. 微博互动的结构与机制——基于对新浪微博的研究. 新闻与传播研究，2010（4）：61

主要依据网站和网民的投票，结果容易获取，也具有一定的代表性，但不足之处是并不是每个网站都会评选意见领袖，评选的各个网站之间对意见领袖评价标准也不一，因此数据获取有些局限性，同时也没有可比较性。

2. 问卷法

问卷法的研究思路大多根据舆论领袖指数将受测者分为舆论领袖和跟随者，对比两类人群，描述意见领袖的特征。如澳大利亚 Barbara Lyons，Kenneth Henderson 运用 Childers（1986）量表，采用网下自填问卷的方式，考察舆论领袖对电子商务的推动作用[①]。Yongju Sohn 采用 Flynn（1994）等人的问卷，运用网上问卷和电子邮件邮寄问卷的方式调查了 124 名网民，请他们填写浏览韩国数码相机品牌社区时的一些心理和行为，并对网民的线上和线下心理和行为进行对比，研究发现，网络舆论领袖在现实生活中并不是一呼百应的舆论领袖。李彪采用数据挖掘技术和问卷调查法对 40 个微博事件中的 283 位微博意见领袖进行了研究，调查显示意见领袖的人格特质更趋向于理性、外向型人格特质[②]。

应用问卷法时，研究者有很大的选择自由度，研究者可以根据自己的研究需求设计问卷，且关于意见领袖的量表也比较成熟，但不足之处在于样本的问题。首先，网络意见领袖研究的是网民群体，在网络上能够代表网民的仅是一个个虚拟的 ID 代号而已，在这个虚拟社区内的交流讨论群内，很难保证问卷填写的真实性。与此同时，网民是一个非常庞大的虚拟群体，很难设定抽样的范围并进行标准化抽样，这样基于问卷法调查得到的数据也就很难说明样本代表性的问题。

[①] Barbara Lyons，Kenneth Henderson. Opinion Leadership in a Computer-mediated Environment. Journal of Consumer Behaviour，2005.4（5）：319－329

[②] 李彪. 微博意见领袖群体"肖像素描"——以 40 个微博事件中的意见领袖为例. 新闻记者，2012（9）：19

3. 社会网络分析法

社会网络分析法是由社会学家根据数学方法、图论等发展起来的定量分析方法，从社会网络的角度出发，人在社会环境中的相互作用可以表达为基于关系的一种模式或规则。丁雪峰（2011）等人采用社会网络分析法对网络意见领袖进行了研究，他们认为，网络舆论领袖必须具备能提出意见或话题，活跃于传播网络中以及对其他网民直接或间接地施加影响等基本特质。他利用网络舆论 SNA 参数中的点度中心度、CPN 级数和点度中心势等 3 个参数及其相关性可以对意见领袖的特征进行描述，并以 2007 年"华南虎照事件"网络舆论为样本进行了仿真实验，从网络采集数据，经过预处理得到参与该事件网络舆论的主体回复关系，并生成回复关系矩阵①。高俊波等人基于论坛的小世界性，提出通过每个论坛 ID 之间的回复关系构成复杂网络，通过网络分析法找到意见领袖②。

社会网络分析法由于要基于用户之间的回复关系，因此适合比较封闭的平台或者某一具体事件中形成的临时舆论空间，如 QQ、豆瓣、人人网、开心网等 SNS 网站或者相对比较稳定的网络社区，用户彼此之间比较熟悉，相互之间的交流比较频繁。而对于开放度大的论坛、博客、微博等公开性的平台，用户之间的回复关系较弱，要生成用户之间的回复关系矩阵、研究回复过程中不同 ID 之间的回复关系则比较难，因此用社会网络分析法的难度较大。

4. 数据挖掘技术

数据挖掘技术是从大量数据中抽取潜在的、有价值的知识的过程。目前被采用最多的是用来标识网页的等级或重要性的 PageRank 算法，

---

① 丁雪峰，刘嘉勇，吴越，胡朝浪，崔鑫．基于 SNA 的网络舆论意见领袖识别研究．高技术通讯，2011（2）：167－172

② 高俊波，杨静．在线论坛中的意见领袖分析．电子科技大学学报，2007（12）：1249－1252

如葛斌（2011）等通过 PageRank 算法迭代收敛误差和需要提取的意见领袖人数，通过迭代计算得到论坛中的意见领袖，并以天涯"篮球公园论坛"为例，从影响力和倾向性两个维度出发，对论坛中的意见领袖进行自动识别。识别出的意见领袖特征为论坛活跃用户、发表大量帖子、年度十大牛人、粉丝众多等[①]。肖宇等借鉴了 PageRank 算法的思路提出了基于用户权威评价权值的 LeaderRank 算法[②]。Weng 等人提出了Twitter Rank 算法，根据每个微博客用户所发布的微博数量及其粉丝接受信息的多少来决定微博客用户的等级排名[③]。另外，日本学者 Naohiro Matsumura、Yukio Ohsawa、Mitsuru Ishizuka 基于计算机交流环境，运用数据挖掘技术，提出"影响力扩散模型"，从文本内容和交往网络两个方面来测量网络角色类型，筛选出意见领袖。我国学者余红运用该模型对时政论坛中的网络意见领袖进行了研究，从影响力和认同值两个维度对论坛参与者进行聚类分析，将论坛角色划分为四类，分别为舆论领袖类 ID、议题扩散类 ID、焦点类 ID 和靶子类 ID，舆论领袖类ID 是那些影响力大和认同值高的论坛参与者。

5. 聚类法

聚类法是一种数据处理方式，根据某种标准将对象分成由类似的对象组成的多个类的过程，由聚类所生成的簇是一组数据对象的集合，这些对象与同一簇中的对象彼此相似，与其他簇中的对象相异，而数据的获得主要还是基于挖掘法技术。陈然（2010）等认为，舆论领袖是论坛中某兴趣空间内积极参与论坛讨论、且帖子被其他参与者广泛关注和认

---

① 葛斌，蒋林承，肖延东，史宗麟，郭丝路．网络论坛意见领袖挖掘系统设计与实现．电脑知识与技术，2011（22）：5393

② 肖宇，许炜，夏霖．一种基于情感倾向分析的网络团体意见领袖识别算法．计算机科学，2012（2）：34

③ Weng. J. , Lim. E. , Jiang. J. et al. . Twitterrank: finding topic-sensitive influential twit-ters. In proceedings of the 3th ACM international conference on Web search and data mining. ACM. 2010：261—270

可的论坛参与者。他从被关注度、主动性以及认可度三个方面选择适当的分类变量，科学量化地将论坛参与者划分为不同类别。在实际操作中，以收到的回帖数、支持数、反对数和发帖总数四个分类变量进行聚类分析，划分出一般响应者、议题扩散者、积极响应者、普通舆论领袖以及中心舆论领袖。祝帅，郑小林，陈德（2011）等人则认为，意见领袖是指在论坛等网络社区中十分活跃，并且常常能够提出引发广泛讨论话题的一类网络社区用户。他们从论坛用户的主题帖数、发帖总数、帖子平均长度、威望数、注册时长、平均被回复数出发，利用 X-means 公式计算出的每个特征值的权重，其中平均被回复数、帖子平均长度、注册时间、威望数权重较高。

数据挖掘技术能够比较简便地处理互联网上的海量数据，相对于问卷方法和社会网络分析法来说，极大地节省了时间成本和人力成本，不失为大数据研究的好方法。聚类分析方法也是主要应用了统计学的原理，将不同 ID 按照一定的标准进行聚类，相对比较科学。但这两种方法只是对某一局部网络数据的考察，而缺少对帖子内容的考察，这就使得研究者只能就数据而论数据，缺乏深度分析。即使有一些语义分析，也很难保证准确性，因此互联网上的数据，尤其是论坛、博客、微博等网民的回复数据，很多时候是杂乱无章、不规范的，加之汉语词义的复杂性，数据挖掘的精度就更难保证。

尽管关于网络意见领袖的研究方法不尽相同，但仍能够发现一些共通的地方，大部分研究者都从用户影响力和帖子影响力两个维度来衡量意见领袖的影响力，其中有几个指标被认为是比较关键的，如转发数、回复数、发帖总数、粉丝数量或威望数、注册时间等。而随着网络技术的不断发展，各种网络媒介之间融合的趋势也越来越强，媒介之间的特性越来越相似，网民身份也并非完全虚拟化，而是日趋显性化，这些都给网络意见领袖的研究提供了便利。

（四）网络意见领袖研究的主要成果

网络意见领袖的出现的确具有很重大的意义，尤其是对于中国而言。彭兰（2003）在其《网络新闻传播结构的构建与分析》一文中谈到，意见领袖是影响网上民众意见的因素之一[①]。申雪凤（2003）也指出，网络的参与性使得更多的公众加入到"意见领袖"的行列，并最终形成一个"网络公众舆论空间"[②]。但此后，网络意见领袖的研究并未取得很大的进展，直到2008年，胡锦涛通过人民网强国论坛与在线网友交流并接受网友提问，网络意见领袖开始引起广泛的关注。同年，《瞭望》周刊发表文章指出，在互联网的推动下，网络正在变平，大量网络意见领袖公开走到前台，他们参与多起公共事件，甚至直接与有关领导、部门交流对话，越来越呈现"显性化"的趋势。

1. 网络意见领袖的特征

网络意见领袖究竟具有哪些特征？Barbara Lyons 和 Kenneth Henderson 通过研究网络舆论领袖与非舆论领袖之间的差异认为，舆论领袖在网络环境中明显具有较高水平的持久参与性、创新性、探索性和自觉性。网络意见领袖还拥有更强大的计算机技能，使用互联网的时间更长，频率更高（Kenneth Henderson，2005）。同时，有学者研究了网络意见领袖和追随者在网上和网下的行为特征，认为在现实环境中展现了高水平的舆论领袖特质的人同样在网络中也展现了高水平的意见，并且指出了网络意见领袖的一些心理特点（Sohn Youngju，2005）。还有研究者指出，网络意见领袖相对于其他参与者而言，受教育程度更高，有更强的沟通能力，拥有更多的政治知识和更强的参与性。他们的帖文质量更高，并且没有很强的态度倾向性。

不少研究者都认为，意见领袖是具有信息优势的人，他们频繁接

[①] 彭兰. 网络新闻传播结构的构建与分析. 国际新闻界，2003（1）：54
[②] 申雪凤. 网络环境下"意见领袖"的嬗变. 广西大学学报，2003（6）：4

触网络媒介，拥有较强的新闻敏感性。如曾凡斌指出，"虚拟意见领袖"就是那些在网络虚拟世界中，热衷于传播信息和表达意见的人，他们往往比同伴更多地接触媒介或信息源，或者同时是某一方面的专家，他们的意见往往能左右周围的人[①]。据观察可见，在媒介使用习惯上，不同的网络意见领袖在网络空间中有偏向地使用某种载体，一般都有自己发言的平台。

2. 口碑传播中的网络意见领袖

网络意见领袖研究的重要应用领域之一就是商业领域，也就是口碑传播研究。Barbara Lyons 和 Kenneth Henderson 研究发现，电子商务领域的网络意见领袖相比非意见领袖而言，具有高卷入度、创新性强、探究行为，并且自认为是知识丰富的。同时他们还具有较好的计算机技能，具有长期使用电脑的经历，并且要比非意见领袖使用电脑的频率和上网时间都要长[②]。程秀芳（2011）通过分析三个典型的消费类虚拟社区，认为虚拟社区中口碑发送者和接收者之间的关系以弱关系为主。大部分社区成员对于口碑传播没有影响，而少数社区成员具有重要影响力，也就是虚拟社区中的意见领袖。意见领袖在虚拟社区中处于中心位置，他们以其专业性、创新性、表现力和高的产品卷入度，对其他社区成员产生影响[③]。陈晞通过分析天涯社区中的"强生有毒门"，发现"虚拟意见领袖"作为虚拟社群中的活跃分子、焦点人物和意见导向，在品牌危机信息扩散和意见传递中发挥着重要作用[④]。

---

① 曾凡斌. 重大突发事件中的BBS舆论特点与管理初探——对人民网"强国论坛"的个案观察. 出版发行研究，2006（4）：61

② Barbara Lyons, Kenneth Henderson. Opinion leadership in a computer-mediated environ-ment. Journal of Consumer Behaviour 2005（5）：319−329

③ 程秀芳. 虚拟社区网络口碑对消费者决策行为影响研究. 中国矿业大学博士生学位论文，2011：2

④ 陈晞. 虚拟意见领袖在品牌危机传播中的作用机制. 上海交通大学硕士生学位论文，2010：3

3. 公共事件中的网络意见领袖

大部分研究者都认为网络意见领袖在公共事件中能够影响追随者、影响舆论，研究的方法主要是个案分析，分析在某一网络热点事件中意见领袖对于舆论的影响。如丁汉青，李华（2010）以惠普"质量门"事件为例，采用观察法、内容分析法和深度访谈法考察了网络空间中意见领袖在消费者维权活动中的作用。研究发现，在惠普"质量门"网络维权过程中，意见领袖发挥着设置议题、引导观点、信息传递、娱乐调侃、凝聚力量、维系关系等六大作用，并且意见领袖的作用由网络空间自然延伸到现实[1]。朱楠以"李开复发起抵制非诚勿扰事件"为例，分析了微博意见领袖的影响力及其产生机制[2]。王国华等人以"药家鑫事件"为例，从知识背景、社会地位和媒体使用三个维度分析了突发事件网络舆情演变中的意见领袖，然后以事件舆情的生命周期为脉络，具体分析了意见领袖的介入时点、行为方式，最后从事件、媒介、受众等层面研究了意见领袖的影响[3]。董梦杭分析了网络环境下"意见领袖"在国际舆论引导中之运用问题[4]。辛蔚峰，张义兵（2007）认为，网络互动过程中，意见领袖是"信息的加工者"、"信息的扩散者"、"舆论的引导者"、"虚拟社区的维系者"，占有绝对的话语权优势。曾繁旭、黄广生（2012）认为，随着互联网技术的发展，依托微博、豆瓣、人人网等社交媒体的新技术优势，联合传统媒体，在众多公共事件中，一个基于网络平台的意见领袖社区渐趋出现并形成网络。这一群体对于互联网的

---

① 丁汉青，李华. 网络空间内意见领袖在消费者维权活动中的作用——以惠普"质量门"事件为例. 新闻大学，2010（3）：128

② 朱楠. 微博意见领袖的影响力机制及适度性——以李开复发起抵制《非你莫属》事件为例. 技术与创新管理，2012（5）：606－608

③ 王国华，张剑，毕帅辉. 突发事件网络舆情演变中意见领袖研究——以药家鑫事件为例. 情报杂志，2012（12）：1－4

④ 董梦杭. 网络环境下"意见领袖"在国际舆论引导中之运用. 东南传播，2010年（7）：13

创造性运用，推动了公民参与和政策变迁[①]。

三、本文的研究思路

（一）关于研究对象的几点说明

1. 关于网络意见领袖的定义

从网络意见领袖的定义可以看出，这是一个正在发展中的概念，无论是对其概念的界定还是测量的方式，还都没有形成统一的认知与范式。笔者认为，网络意见领袖是一个相对的概念，无论是哪种方法测量出的网络意见领袖值都是相对于特定人群所获得的分数，其影响力的大小是相对的。其次，网络意见领袖也要受到不同领域、不同情境、不同关系的影响，正如陈力丹教授所认为的那样，许多人在此时或彼时，在这种关系或那种关系中，都可能成为某个舆论客体的"舆论领袖"。

基于以上几点考量，笔者认为，网络意见领袖是指那些在一定的情境下，直接或间接通过互联网传播信息、发表观点，并引起广泛关注的活跃分子。他们在一些网络公共事件的群体性交流中，通过积极的发言，发起话题，形成共同讨论，甚至影响别人的看法或行动。对网络意见领袖影响力的评估更多地是通过网络文本来推测其背后的认知与行为，带有一定的间接性、被动性。

2. 关于网络意见领袖测量的几点说明

在研究方法上，网络意见领袖的研究在不断走向成熟，研究方法更加多元，除了传统意见领袖研究采用的自我报告法、提名法、社会计量法、社会网络分析法、观察法外，越来越多的研究者采用数据挖掘的技术，从海量的数据信息中抽取出潜在的、有价值的知识，从大数据中更

---

① 曾繁旭，黄广生. 网络意见领袖社区的构成、联动及其政策影响：以微博为例. 开放时代，2012（4）：115

好、更准确地识别网络意见领袖。但无论从哪种方法出发，都只是研究了某一种环境下、某一主题下、某一测量条件下的网络意见领袖。

大部分研究者都认为网络意见领袖是一群有影响力、高关注度及高认可程度的人。但关于影响力的大小却没有固定的标准，正如 Hegselmann 等人（2002）所指出的，意见领袖群体既可能小得仅有几名专家，也可以大得像整个社会，这是由于群组的大小不同，研究主题以及研究者的选择标准不同而导致的。为此，在本研究中并没有限定意见领袖影响力的大小，而是选取了自上世纪 90 年代互联网接入中国以后在网络上影响较大、有代表性的意见领袖。同时，考虑到不同研究主题下网络意见领袖群体可能表现出不同的特征，本文将重点聚焦于影响较大的网络热点事件，这些热点事件具有很强的公共性，参与讨论的范围较广，且并不局限于某一领域内的网络意见领袖。

3. 本文的研究方法

在不同的传播环境下，意见领袖的本质可能不同。这种现象在网络中体现得更加明显，这给我们的研究带来了一定的难度。虽然不同的研究方法下识别出的网络意见领袖可能不同，但无论哪种方法，对网络意见领袖的认识仍能取得一些共识。大部分的研究者都认为，网络意见领袖是那些在网络上有影响力的个体，他们的帖子被广泛关注和认可。在网络意见领袖的一般性与特殊性上，本文认为，大部分的网络意见领袖是基于一定的主题和兴趣的，但在相近的主题之间会有一定程度的重合，但也存在极少数跨越了不同主题的网络意见领袖，这类群体影响力较大。公共领域的意见领袖因其主题的公共性，跨主题性的特点更突出，网络参与讨论者可能来自各行各业的人，因而网络意见领袖在这一主题上也具有更大的重合度。而对于各阶段意见领袖所产生的影响，本文分别采用了个案分析和数据挖掘技术，结合上海交通大学舆情研究实验室的数据库系统，以重大网络热点事件为分析对象，将定性研究与定量研究相结合。在定性研究方面，通过阅读大量历史文献，获取丰富的史实资料，描述随着互联网技术的演进网络意见领袖在不同时期的特点。在量化研究方面，根据不同媒介技术特点，综合运用数据挖掘、内容分析等方法，筛选、识别不同媒介平台下的网络意见领袖，分析其特点。同时还辅以具有代表性的个案进行分析，点、面结合，力争从不同角度勾勒网络意见领袖的全貌以及交替更迭的历史发展过程。

（二）具体思路与方法

1. 研究的主要问题

问题一：网络发展不同阶段意见领袖的特点

网络意见领袖的发展经历了从无到有、从单一到多元的变化过程，本文的首要问题就是确定网络意见领袖的发展阶段，描述各个阶段网络意见领袖发展、变化的特点，从互联网媒介技术变迁的历史角度，刻画网络意见领袖的发展历程。

问题二：不同传播环境下网络意见领袖的发展及特点

不同的网络应用成为网络意见领袖用以表达和交流的平台，每个平台的传播特性是不同的，其所产生的意见领袖也具有不同的特点。因此有必要对不同传播环境下的意见领袖的特点进行探讨。本文对论坛、博客、微博和微信4种影响比较大的公共性媒介平台下的网络意见领袖进行分析，既有历史的纵深度，同时也权衡了不同媒介平台的传播特性，这将有利于更好地研究不同传播环境下网络意见领袖的发展及特点。

问题三：网络意见领袖产生的原因

网络意见领袖是互联网产生以后新兴的事物，至今为止也不过二十几年的时间，虽然历史很短暂，但却对中国社会产生了广泛的影响。那么网络意见领袖为什么会产生？哪些因素会影响网络意见领袖的形成？这是本文需要探讨的第三个问题。

问题四：网络意见领袖对社会的影响

网络意见领袖的研究不但具有很重要的理论意义，能够丰富意见领袖的基础理论，同时也具有重大的现实意义。因为网络意见领袖对中国的舆论生态格局和社会生活都产生了重要的影响，因此本文的另一个研究重点就是分析网络意见领袖产生以来，都对社会的哪些方面产生了重要的影响。

问题五：网络意见领袖的崛起所带来的挑战及建议

网络意见领袖的崛起对社会治理、公共管理都产生了巨大的影响，任何管理者或处于舆论空间中的组织机构都无法忽视他们的影响，尤其是对中国的政府机构而言。如何看待网络意见领袖的崛起及其所带来的挑战？怎样发挥网络意见领袖的积极作用，减少负面效应？这是本文所要探讨的第五个问题。

2. 研究所选取的主要媒介

从检索到的文献来看，网络意见领袖的研究主要集中于网络虚拟社区和论坛、博客、微博，也有零星研究探讨 QQ、豆瓣网、人人网等SNS 网站的意见领袖，国外还有学者通过分析邮件群组的回复关系识别意见领袖，但研究都偏少。彭兰教授在她的文章中也提到，相对来说，聊天室里产生意见领袖的可能性不大，但 BBS 这样的更加具有群体交流倾向的场，意见领袖极有可能产生。

从实际的传播效果来看，虚拟社区、论坛、博客、微博等媒介的公共性更强，网民参与讨论的范围更广，而 QQ、人人网等网络媒介是一个更具私密性的讨论空间，很大程度上是基于现实社会关系而形成的讨论群组，人际传播的特点更强，大众传播的特点更突出。为此我们也将研究的重点聚焦于公共性更强的论坛、虚拟社区、博客和微博。

对于历史发展阶段的梳理，本文参考了大量前人的研究成果，结合互联网在中国的发展情况，对网络意见领袖的发展阶段进行划分。虽然各个媒介出现的时间并不严格遵循从前至后的关系，各网络媒介之间在时间上也存在重合性，同时由于互联网技术的进步，媒介之间的融合效果越来越强，但从时间上来看，虚拟社区、博客、微博、微信大体具有时间上的承接性，这四类媒介的发展大致涵盖了互联网在中国的发展过程。为此我们将通过回顾互联网自接入中国以来，在一些影响较大的网络热点事件中那些显现的意见领袖，研究他们所发布的信息或观点对舆论和事件的发展起到了怎样的推动作用。

3. 研究起止时间的界定

在时间维度上，笔者将研究的落脚点定位于 1997 年，因为 BBS/论坛的应用从 1997 年开始受到网民的关注。同时 1997 年中国与伊朗的"十强赛"使得一个叫"老榕"的网友也成为网络上最红的 ID。之后论坛开始了商业化阶段，一批论坛如雨后春笋般崛起，也带来了网络意见领袖的沸腾，网络意见领袖开始走上了历史的舞台。本文的结构框架是通过回顾网络意见领袖产生的历史时期，从媒介变迁的视角，以网络意见领袖最容易产生的论坛、博客、微博、微信四个公共性的互联网应用作为划分阶段的标准，结合媒介发展各个时期的社会环境因素，描绘了从 1997 年至 2014 年互联网发展这十几年以来网络意见领袖的变迁及所产生的社会影响，以此视角管窥互联网对我国社会公共生活的影响。

第三章

互联网的变迁与意见领袖的嬗变

网络意见领袖的产生与发展植根于网络技术的不断进步，不同的网络平台催生了一批依托该平台而产生的网络意见领袖，这也造成了目前网络意见领袖研究多面开花，但在许多基本问题上尚未能形成统一研究范式的困境。研究不同网络平台上的意见领袖并没有统一的测量手段，这使得网络意见领袖本身与生俱来就带有平台的特性。比如论坛、贴吧、社区中的网络意见领袖多活跃于开放、自由和匿名的网络平台，这部分网络意见领袖的真实身份大多并不为外人所知；博客自大规模商业化之后，具有一定社会身份的人更容易脱颖而出，因此，长期混迹于博客中的意见领袖社会身份更显性化；而微博的实名认证机制则使一大堆社会名人走到前台，成为为数众多的网络意见领袖；微信意见领袖的圈子化特色更突出，能影响你的意见领袖，或者是你主动关注，或者来自朋友圈推荐。由此可见，网络意见领袖的变迁与网络媒介技术的变迁息息相关，梳理网络意见领袖的发展历程除了遵循线性的时间维度外，更要把握技术的特点。

一、论坛意见领袖

一般学者认为，论坛中的意见领袖是那些在论坛中，热衷于传播消息和表达意见的人，他们可能比同伴更多地接触媒介或消息源，或者同时是某一方面的专家，他们的意见往往能够左右周围人的想法。本文认为，论坛意见领袖作为早期的网络意见领袖，主要是那些在论坛中有影响力的个体。他们关注公共事务，经常为他人提供信息、对事件发表看法，并能引起他人关注、影响别人对该事件的看法。

（一）关于论坛意见领袖研究

1. 论坛意见领袖的识别

余红（2007）以"中日论坛"为例，利用日本学者提出的"影响力扩散模型"，将论坛成员的角色划分为四类，分别为舆论领袖类 ID、议题扩散类 ID、焦点类 ID 和靶子类 ID。舆论领袖类 ID 是那些影响力大和认同值高的论坛参与者。陈然（2010）从被关注度、主动性及认可度三个维度，通过聚类分析，科学、量化地将论坛参与者划分为不同的类别。陈晞（2010）则以"强生有毒门"为例，对天涯社区中"天涯杂谈"版块的相关讨论和发言 ID 进行了分析，从发帖量、回复量、扩散度和认同值四个维度筛选出论坛中的虚拟意见领袖。丁雪峰（2011）利用网络舆论 SNA 参数，对"华南虎照"事件的网络舆论意见领袖进行分析。由于网络数据的庞杂性、复杂性，越来越多计算机领域的专家学者，借助于数据挖掘技术，从大量的论坛信息中提取潜在的、有价值的知识来识别网络意见领袖。如葛斌（2011）等采用 PageRank 算法，以天涯"蓝球公园"论坛为例，从影响力和倾向性两个维度出发，通过迭代计算得到论坛中的意见领袖。肖宇也借鉴了 PageRank 算法的思路，并在此基础上提出了基于用户权威评价权值的 LeaderRank 算法来识别论坛中的意见领袖。

2. 论坛意见领袖的特征

周玉琼以强国论坛"十大网友"为例，分析了网络世界中的意见领袖，提出意见领袖是那些发帖、回帖非常积极的论坛参与者，且大多数为男性，他们普遍具有深切的社会关怀，针砭时弊。网络意见领袖的影响力不但表现为为他人设定议程，而且表现为设定他人的讨论框架，对舆论的形成与发展都有重要的影响[①]。王丽（2006）认为，虚拟社群传

---

① 周玉琼.网络世界中的意见领袖——以强国论坛"十大网友"为例.当代传播，2006（3）：50

播中的意见领袖具有如下特征：具有某种专长或能够提供真知灼见；媒介接触度或兴趣更高；在利用社会资源上更有优势[①]。Barbara Lyons 和 Kenneth Henderson（2005）认为，虚拟意见领袖比一般的消费者拥有更多的经验和产品知识，对于产品的卷入度高。

3. 论坛意见领袖的作用及影响

论坛意见领袖的作用及影响是许多研究者关心的问题，研究者用不同方法，对不同领域的网络意见领袖的作用及影响进行了很多研究，如王陆，马如霞（2009）采用社会网络分析法，对虚拟学习社会网络中的意见领袖进行了分析，并认为意见领袖群体是虚拟学习社区中的一个具有直接的、联系紧密的和互惠性的团体，意见领袖群体是构成虚拟学习社区社会网络信息通路的重要人物，他们对网络属性特征值有很大的影响[②]。阳海洪以"犀利哥事件"为例，从事件发展的不同阶段论述了意见领袖的作用[③]。程秀芳研究了在网络虚拟社区口碑传播过程中，是否存在意见领袖以及如何识别意见领袖的问题。研究发现，意见领袖在虚拟社区中处于中心位置，他们以其专业性、创新性、表现力和高的产品介入度，对其他社区成员产生影响[④]。

议题设置研究是传播学研究的热点问题之一，论坛意见领袖对于议题框架的影响反映了网络意见领袖对于网络舆论引导的影响，许多研究者都认为论坛意见领袖能够起到影响论坛框架的作用。如贾文凤（2006）认为，BBS 舆论领袖的影响力不但覆盖了论坛中的普通网友，而且还辐射到传统媒体。论坛的舆论领袖不但在网上进行了议程设置，

---

① 王丽. 虚拟社群中意见领袖的传播角色. 新闻界，2006（3）：50

② 王陆，马如霞. 意见领袖在虚拟学习社区社会网络中的作用. 电化教育研究，2009（1）：54

③ 阳海洪. 意见领袖在"犀利哥事件"中的舆论引导作用探析. 湖南工业大学学报（社会科学版），2011（2）：71—74

④ 程秀芳. 虚拟社区网络口碑对消费者决策行为影响研究. 中国矿业大学博士生论文，2011（10）：157—162

还为人讨论设定了框架从而对舆论进行引导[①]。余红，叶雨婷（2008）则以强国社区中的"中日论坛"为例，对网络论坛中不同 ID 的议题框架进行了分析，并将"中日论坛"帖子的框架划分为两类：领袖类框架和靶子类框架[②]。曹镭（2011）以"360 与 QQ 互掐"事件为例，分析了网络社区意见领袖对公共议题的建构。他认为，以论坛为中心的网络社区是中国网民抒发情感、发表意见的重要舆论平台之一，网络社区中的意见领袖对于公共议题的建构有重要的作用[③]。

（二）论坛意见领袖在中国的发展（1997—2009）

网络论坛是指在信息时代基于 BBS 功能建立起来的网络讨论系统和多元言论空间。根据中国互联网信息中心（CNNIC）历年的互联网发展状况统计报告显示，论坛从 1999 年开始大量受到网民关注。1999年，我国网民最常使用的网络服务中，BBS 电子公告栏排在第 6 位，占28％。2000 年，整个互联网产业的大环境不景气，BBS 的使用率也有所下降，2000 年排在第 7 位，占 21.17％；2001 年占比更低，9％。2002年以后，论坛的应用开始上升，2002 年占 18.9％，排在第 7 位；2003年以后出现恢复性增长，论坛、社区讨论组占 22.6％；2004 年 21.3％。2005—2006 年是论坛应用的巅峰时期，2005 年占 40.6％，在 2006 年达到了高峰，占 43.2％，在网民应用中的普及率已占 4 成。而 2008 年以后使用网络论坛的比例逐渐下降，访问论坛的比例占 38.8％，代之而起的是博客的应用。

在讨论论坛意见领袖的发展阶段时，本文综合借鉴了 CNNIC 发布的论坛使用率情况及论坛意见领袖在网络热点事件中的影响，将论坛意见领袖的发展历程界定为从 1997 年至 2009 年，而 2009 年以后，论坛

[①] 贾文凤. BBS 舆论领袖的构成及其影响. 青年记者，2006（20）：70

[②] 余红，叶雨婷. 网络论坛不同类型 ID 的议题框架——以人民网强国论坛的中日论坛为例. 华中科技大学学报（社会科学版），2008（2）：111

[③] 曹镭. 网络社区意见领袖对公共议题的建构. 湘潭大学硕士学位论文，2011：30

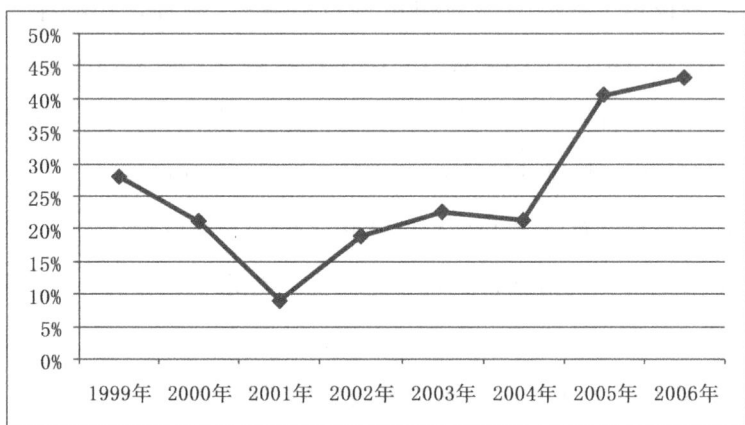

图 2 网民使用论坛的比例

意见领袖仍然存在，但影响力已比较弱。1997 年，论坛意见领袖初露端倪，1999 年，论坛开始受到网民关注，直到 2006 年以前，论坛的使用率基本都在逐年提高，论坛意见领袖的影响也逐渐引起重视。2008年以后，论坛的使用率开始下降，代之而起的是博客的发展。从论坛意见领袖参与公共事件的频率来看，2009 年以后，论坛意见领袖逐渐式微。根据论坛意见领袖的发展特点，本文将论坛意见领袖的发展过程主要划分为以下 4 个阶段。

1. 技术专业化阶段（1997 年－1999 年）

最初的论坛基本上是一些有计算机背景的 IT 界人士互相沟通交流的场所，专业性比较强，他们一般交流的话题包括如何编程、设置密码、解密，偶尔也对时事、文学、历史等发表看法，兴趣相投是早期论坛的特点。作为一种新的传播形式被介绍到国内之后，论坛曾被认为比任何媒介在现实中和技术上都实现了多元言论空间。从使用人群来看，早期使用论坛的人大多为"极客"类的专业玩家，因为昂贵的上网费用与操作的复杂性，使许多人都对网络望而却步。根据 CNNIC 的数据，1999 年高中以下学历的网民仅占 2％，2000 年仅占 2.54％，其余均为高中或中专以上学历者，其中拥有大学文凭的比例最高，1999 年占

48％，2000 年占 45.93％，那时能上网的人大多是二三十岁的留学生或 IT 界人士。

体育话题是当时网络上比较盛行的话题，一些早期用户凭借足球论坛成为当时爆红的网络 ID。当时国内比较有名的论坛是"四通利方论坛"，也就是现在的新浪网的前身，陈彤当时还是一名研究生，当时他的网名叫"Goooooooal"。酷爱新闻、足球和上网的陈彤在网上结识了时任"四通利方"沙龙体育版面的管理人李嵩波后，他放言假如由他来做版主，可以将访问量提高 10 倍。1997 年，在汪延（现任新浪总裁）、陈彤的推动下，"四通利方"推出了它的第一个频道——体育频道，并史无前例的对 1997 年世界杯足球赛亚洲区十强赛进行直播，开创了网络直播的先河，使得访问人数在短时期内大幅上升，并确立了中国第一足球网站的地位。1998 年陈彤正式加盟"四通利方"，他主持的"法国 98 足球风暴"网站一鸣惊人，创造了中文网站的访问记录，同年，"四通利方"也正式更名为新浪网。

当时混迹于"四通利方"的网虫涌现了一批 IT 界的大佬或其他领域的精英，或多或少地推进了互联网在中国的发展，"老榕"是其中之一。"老榕"原名王峻涛，福建神州人，是一个学 IT 出身的热爱文字的球迷。作为第一代活跃于论坛上的网虫，他的强帖促成了中文论坛发展史上一个具有里程碑意义的事件。1997 年的十强赛，中国与伊朗队在大边金州体育场对决，中国队在主场以 2：0 领先的优势下，被伊朗队以 4：2 翻盘。"老榕"在"四通利方沙龙"上发了一篇帖子——《大连金州不相信眼泪》，这篇帖子在 48 小时内点击率超过 2 万，被当时几乎所有的中文论坛转载，之后又被包括《南方周末》在内的超过 600 家传统媒体连载①，老榕的 ID 成为当年最红的 ID。

---

① 隐者的日记. 四通利方到新浪的牛人们. 豆瓣网，2010 年 9 月 2 日，http：//www.douban.com/note/88744802/

在论坛时代，已经开启了网上救助，"老榕"也是首例通过互联网发动各界人士进行社会救助的网友。1998年，福建师大一位不满19岁的历史系女大学生何婷芳患上一种极为罕见的肿瘤，胸8—腰2髓内胶质恶性瘤，生命垂危。为了给她治病，家境贫寒的父亲已经变卖了家里能卖的所有东西，包括家具、农具，甚至赖以生存的家畜、家禽。然而，高昂的医疗费用对于一个年收入不足5000元的农民家庭来说，是个天文数字。无奈之下，何婷芳的同学和老师想到了网上求救。3月20日，何婷芳的同学跑到福建省数据通信局送来了两封求助信，希望广大网友救救这位家境贫寒的农家学子。福建省数据局的同志接过救助信后发在了八闽BBS的"友情天地"版上，《SOS！一个生命垂危者的呼救》，不久网络上开始有了回应。晚上8时许，福州市公安局计算机安全监察处的警察同志也派专人核实了何婷芳病情的真实性，还为此郑重发帖，本地报纸的记者也开始关注此事。"老榕"和其他一些网友是最早看到帖子并展开网上救助的，转帖、发Email、募集捐款、制定捐款计划等，经过一轮网友的大讨论，第二天，"老榕"整理了一份比较完整的《捐款方案》，使具体的捐款操作有章可循，一笔笔捐款不断送到。在社会各界爱心人士的关心下，身患绝症的女大学生最终被成功治愈。

网上声名赫赫的"老榕"时年才36岁，大学学的计算机软件专业，后来又在美国从事过网络方面的研究与开发工作，当时他是福州一家知名IT企业的老总。他以"老榕"的名称行走网络江湖，现实生活中基本没有人知道他的身份，因为他认为"网上网下是两个社会，相通的是爱心，不通的是身份"。1998"电信案"让"老榕"再一次走红。

1998年12月，福州马尾区的陈锥、陈彦两兄弟在自己的商店经营网络电话，结果被电信局告发，公安部以涉嫌"非法经营电信罪"暂扣了陈氏兄弟的电脑及5万元钱。陈氏两兄弟不服，于是状告公安，一审败诉后，陈氏兄弟又上诉到福州市中级人民法院。由于对网络电话的技术不了解，法官要求上诉方和被上诉方各找专家，为网络电话的原理和相关技术问题作证。陈氏兄弟通过互联网找到了"老榕",请他在法庭上为两兄弟作证。"老榕"欣然应允,不久,"老榕"就收到了法院的正式通知,要求他在 12 月 2 日上午"作为专家证人,就有关技术问题出庭作证",法官们比较关注的是网络电话的原理、发展趋势、使用网络电话是否会给他人造成侵害等技术问题。"老榕"根据自己的专业知识,陈述了自己的观点,认为"科技之所以成为第一生产力,就在于它能够不断使人们在更低的成本、更舒适的环境和更便利的手段下满足需求,法律应当保护网络电话"。他在福建陈氏兄弟的"IP 电话案"中出庭作证,再次使"老榕"的名声大振,他被评为"1998 年中国十大网民"之一。

早期的论坛掀起了体育时代的网络盛世,除了陈彤、"老榕"之外,早期知名的网络人物还包括"悉尼球探"、"北京厨子"、"王小山"、"韦一笑"等人,都成名于"四通利方"。1998 年以体育沙龙起家的新浪网成立后,原来的这一批网友纷纷出走,缺少了领袖级的人物,体育沙龙逐渐走向没落。另外两个论坛却盛极一时,第一个是嘉星论坛,两个喜欢冲浪的年轻人 RED 和 NESO 因网络而结识,后来两人成立了 NEED 工作室,创建了嘉星论坛。1997 年底还成立了嘉星网络论坛杂志,把其他许多优秀站点的内容连接起来。起初 RED 自己担任版主,后来又联系了当时非常优秀的版主:呆呆、馨儿、三脚猫、小赫、茶博士、耳朵、西风、霏霏等人,在这些版主的努力下,嘉星论坛从一个毫不知名的论坛一跃成为国内仅次于新浪网论坛的第二大论坛。但好景不长,1999 年嘉星论坛终因发展的无序和管理的不完善而从极度的辉煌走向了灭亡。另一个是以北京、上海、广州、深圳的网友和北美学子组成的以女性为主的星伴论坛,一起"马哥事件"让这个论坛走进了大家的视野,但这个论坛终因管理层的分裂而迅速消亡。以上就是早期论坛的主要运作模式及早期的网络意见领袖,这些网络意见领袖大多受过良好的教育、具有一定的计算机背景,爱好文学或足球,其写作的目的或动机大多出于个人兴趣、爱好。

2. 早期商业化阶段（1999—2001）

90 年代末，论坛进入蓬勃发展期，BBS、论坛所形成的虚拟社区成为网络中最成熟、最典型的发言渠道，被称为"网上社区的灵魂"，成为大众发表言论、进行思想沟通的工具之一，也是网络意见领袖产生的摇篮。经过初期的发展之后，网站的商业价值凸显，网站也开始进入商业化运营阶段。除了新浪、搜狐、网易这三大门户网站的论坛之外，以天涯社区、西祠胡同、ChinaRen 为代表的地方性论坛也逐渐兴起，网络论坛方兴未艾的局面开启，这时的论坛已在一定程度上脱离了最初的无序管理状态，开始向平台化方向发展，中文论坛开始进入繁荣发展的阶段。

商业化催生了一批网络意见领袖的诞生。从技术成本上来看，商业化使互联网的技术成本下降，上网成本降低了，网络不再仅仅为高端的技术人才所掌控，一般人也可以接触到网络。从数据上来看，1997 年我国的上网用户只有 65 万，上网的计算机只有 29.9 万台；而到 1999 年，我国的上网用户已达 400 万，上网计算机 146 万台；2001 年，上网用户数已有 2650 万，上网的计算机约有 1002 万台①，网民规模的增长加强了网民之间的交流。在这种交流的过程中一些网友逐渐凸显出来，成为网络意见领袖。如在"强国论坛"首次组织的 2001 年"十大网友"评选活动中，"野地西风"、"袋鼠——业余爱国人士"、"数学"、"牛庄"、"雅科夫"、"新的长城"、"梁山伯/Lian"、"过客"、"重构"、"野猪"等人以其高质量的言论被网友和专家推选为意见领袖。这些人中既包括论坛版主，也包括活跃的写手，他们积极发帖或者组织评论，非常活跃，从而在网民中有很高的声望。如强国论坛网友"数学"是少数从强国论坛开坛至今一直都活跃的网络意见领袖，他的文章观点鲜明，不

---

① 数据来源于 CNNIC 的互联网发展状况统计报告。

迷信权威，不盲从大众，坚持以怀疑和批判的态度来看待事物的精神，深为许多网友所喜爱。

网友"野地西风"又名"柔刚"，也是最早一批成名于强国论坛的知名网友，其作者简介中这样介绍："平常喜欢思考，希望看到与自己不同的观点，看看他们是怎么说的。自从有了互联网，辩论也就更加直截了当。由辩论而不得不学习一些以前不曾接触的知识，由辩论而升华自己的人生，所以喜欢用'野地西风'这个笔名；可是辩论总有失误的时候，失误了，就得老老实实改正自己的看法，所以又喜欢用柔刚这个笔名。千里之行，始于足下，人生总是需要不断充实，需要不断学习，其中的快乐就如同获得重生一样。"

论坛成为意见领袖评论时事的阵地。2000年前后的中国，正值进入改革开放的新阶段，人们对于外界、西方、自由、民主都充满了好奇，而由于大众媒体在我国的特殊地位和政治属性，使得其很难成为一个人人都可以接触的平台。而此时由于互联网的发展，特别是门户网站的发展，人们获取信息的渠道增多，表达的意愿也更加强烈，论坛成为人们谈论时事、发表观点、表达看法的首选阵地。

1999年，北约轰炸我国驻南斯拉夫大使馆，三名中国记者遇难。为了抗议这一暴行，成立了我国最早的时政性论坛——强国论坛，短时间内便汇聚了大量的人气，大量网民在论坛上发帖抒发义愤。据称，10天时间里，就收到来自世界各地华人的帖子4万多篇，形成了强大的舆论力量。此次事件之后，"抗议论坛"改名为强国论坛，声名鹊起。此后，"强国论坛"紧跟国内外时事热点，在多起国内外热点事件中都参与讨论，成为反映民意的一个重要阵地。从2001年开始，强国论坛开始组织评选"十大网友"、"十大嘉宾"、"十大原创帖"等活动，用以拉动论坛的人气。这些活动的推出，使得一批优秀的网友或写手脱颖而出，他们用自己的文字发表看法，赢得网友认同，成为网民群体中重要的一支。

2002 年 11 月 16 日下午，署名"我为伊狂"的网友在强国论坛和新华网发展论坛分别贴出近两万字的长文《深圳，你被谁抛弃？》，该文对深圳的竞争力表示忧虑，对深圳政府的效率、治安、二线关口、交通、城市管理、外来人口、生活压力、诚信、人情、文化等多方面提出批评，并指一些大企业将把总部迁离深圳、深圳金融中心地位不保、深圳和香港的合作没有进展等等。这篇文章立刻吸引了网友的注意，并很快在网上广为传播。

2003 年 1 月 19 日，时任深圳市长于幼军与文章作者会面，对谈两个半小时。于幼军指出，作者并非"唱衰"深圳，而是"爱之深，责之切"，表示政府应有气度聆听包括批评在内的各种声音。

3. 精英化阶段（2002—2004）

网络意见领袖积极参与舆论监督。1997 年和 2000 年，中国的互联网产业经历了两次上市热潮后迅速陷入了低潮期，但网民规模仍在逐年增加，2002 年以后，论坛也开始出现缓慢的增长。2003 年对中国来说是有重要意义的一年，尤其是对于中国的新闻事业来说，也是可圈可点的一年。这一年中国爆发了大面积的 SARS 危机，传统媒体经历了从"集体失语"到"众声喧哗"的过程，媒体初次享受到了从未有过的、在涉及社会稳定的重大议题上的信息公开的权利。而随之而起的几件大事如"黄静案"、"刘涌案"、"孙志刚事件"、"黑龙江宝马车撞人事件"等，更加凸显了媒体的舆论监督功能，尤其是网络媒体的舆论监督功能，因此有学者将 2003 年称为"网络舆论元年"。此时传统的精英型意见领袖更多地承担了网络意见领袖的功能，他们当中包括传统媒体出身的记者、专家学者等社会精英，他们的言论在网络上引起了广泛关注，正是他们的参与使更多的公共事件进入中国网民的视野。

比较典型和影响比较大的事件如"孙志刚事件"。孙志刚，男，事发时 27 岁，2001 年毕业于武汉科技学院，之后在深圳一家公司工作。事发 20 多天前，他应聘成为广州达奇服装公司的一名平面设计师。从深圳跳槽进入达奇公司，当时处于试用期，月薪 2000 元。3 月 17 日晚上，孙志刚在前往网吧的路上，因为刚来广州，还没办理暂住证，他出门时也没随身携带身份证。走到天河区黄村大街时，孙志刚突然被广州市公安局天河区公安分局黄村街派出所的警察拦住了去路。此时广州市公安机关正在开展"严打"的统一清查行动，当天下午，天河公安分局刚开了动员大会，三无人员是重点清查对象。由于当时身上没有带任何证件，孙志刚被带到了黄村街派出所。当晚，将近 110 人先后被带进这个派出所，其中 30 多人被收容。孙志刚到派出所后，由两名"辅警"做了笔录。3 月 18 日凌晨 2 时左右，孙志刚被送到天河公安分局收容待遣所。

9 个小时后（即 18 日上午），孙志刚向中转站护士殷孝玲报告自己有心脏病，因为紧张而心慌、失眠，要求放他出去或住院治疗。中转站遂以"心动过速待查"为由，将孙送往广州市收容人员救治站。20 日上午 9 时 50 分，护士查房，发现孙趴在水泥床上一动不动，且呼吸微弱，脸色发紫，赶忙把他送到救治室。值班医生任浩强做了常规抢救，十分钟后宣布孙死亡。

原来在拘禁期间，孙志刚被收容所员工殴打身亡。此事经媒体报道后在网络上引起强烈反响，官方最初坚持孙志刚系正常死亡，但经《南方都市报》记者陈峰、王雷调查后发现，孙志刚是被毒打致死。官方在强大的舆论压力下不得不重新调查，最后公布的结果孙志刚是在医院中被护工和同房病人殴打致死。

2003 年 6 月 27 日，广东省高院对该案做出了终审判决：以故意伤害罪，判处被告人乔燕琴（救治站护工）死刑；李海婴（被收容人员）死刑，缓期二年执行；钟辽国（被收容人员）无期徒刑。其他 9 名被告人分别被判刑。市公安局、市卫生局、市民政局和天河区、白云区纪委、监察局参与"孙志刚案件"的有关责任人员进行处分，共惩处公安系统 12 名违纪责任人，市卫生系统 3 名违纪责任人，市民政系统 5 名违纪责任人。

此前也发生过收容所员工犯法的案件，但是由于此次受害者身亡，并且其身份不是流浪汉而是大学生，因而产生极大影响。当时的《南方都市报》刚刚成立深度报道组，并在"孙志刚事件"的舆论演变过程中发挥着主导作用，该报记者陈峰在经过了近一个月的调查采访之后，发表了《一个收容者孙志刚之死》，并引起广泛影响，新浪网进行了转载。4月26日，全国各大媒体纷纷转载《南方都市报》的报道，网络舆论也是愈演愈烈，在社会上掀起了对收容遣送制度的大讨论，先后有8名法学专家两次上书全国人大委员会，要求审查《城市流浪乞讨人员收容遣送办法》，同年6月国务院常务会议通过了新的《城市生活无着的流浪乞讨人员救助管理办法》，并将于8月1日起实施，旧的《城市流浪乞讨人员收容遣送办法》废止。

网络意见领袖利用互联网进行维权。伴随着网络舆论监督的兴起，中国网民也开始主动利用互联网为自己的利益进行维权。乙肝维权第一人张先著便是其中之一。2003年张先著参加了安徽芜湖市的国家公务员招考，笔试、面试均是第一名，而9月份接到人事局的通知，因是乙肝病原携带者，被取消录取资格。一个偶然的机会他登陆了"肝胆相照"网站，发现中国有许多乙肝病原携带者，许多人和他一样，都受到了不公平的对待，他们互相鼓励、支持，争取权利。张先著通过与在线网友的交流萌生了通过法律手段为自己维权的念头，他于2003年11月10日向法院提起行政诉讼，状告芜湖人事局在录用公务员过程中歧视乙肝患者，被媒体广为报道。在这场诉讼中，"肝胆相照"网站扮演了重要角色。2004年8月，全国人大常委会通过了新修订的传染病防治法，这被认为是乙肝病原携带者的福音。2005年1月，《公务员录用体检通用标准（试行）》实施，提出"各种急慢性肝炎，不合格。乙肝病原携带者，经检查排除肝炎的合格"。这一标准的实施，从政策层面解决了社会上对乙肝问题的争论，保护了乙肝病原携带者的合法权益。

2003 年既是网络舆论元年，也是互联网维权元年，网络作为一种重要的维权方式开始出现在中国的社会公共生活中。除了张先著维权成功外，还有许多公民个体在现实遭遇不公平对待后，也纷纷诉诸网络，寻求帮助。如 2003 年的"黄静案"，2005 年天涯论坛的"卖身救母"事件，2007 年"山西黑砖窑事件"、"最牛钉子户事件"等，在一起起的维权事件中，网络意见领袖作为事件的推动者，扮演着重要的角色。他们通过影响网民，在网络中形成强大的舆论压力来影响传统媒体跟进，影响相关责任机构，进而引起决策层的关注，解决现实问题。

4. 大众化阶段（2005－2009）

2005 年－2006 年，BBS、论坛应用在网民中的使用率达到最高，占 40％左右，论坛的发展已初具规模，成为反映社情民意的集散地，网络意见领袖作为一支重要的力量进入大众化阶段。论坛中活跃的意见领袖越来越多，网络舆论监督大放异彩。虽然网络媒体仍带有很强的戏谑性、娱乐性，但其独立性也在逐渐增强，不再仅仅只是充当传统媒体的回声器。网络意见领袖的力量更加突显，他们从参与热点到制造热点，丰富了我国互联网的社会、政治功能，越来越引起重视。2008 年 6 月，胡锦涛到人民日报社视察工作，并通过人民网"强国论坛"同网友在线交流，足见中央政府对于网民意见的重视。同年《瞭望》新闻周刊发表文章《网络意见领袖的作用显性化》，文中着重强调了论坛意见领袖的作用及对中国社会建设及民主建设的影响。网络意见领袖的地位充分被肯定，成为推动公共话语权及民主社会建设的重要力量。

2005 年的陈易"卖身救母"事件成为当时互联网上轰动一时的大事。重庆女大学生陈易在"天涯社区"发帖，称要"卖掉自己救妈妈"，该帖发出后很快收到了来自全国各地网友超过 10 万元的捐款。2007 年，喧闹一时的"华南虎照"事件，网络意见领袖分成"挺虎派"和"打虎派"两大阵营，不少专家、学者也纷纷加入其中，其中网友"小鱼啵啵啵"作为打虎派的代表，通过人肉搜索最早查出虎照的真实来源，最终使"华南虎"事件真相大白。2008 年汶川地震后，灾区志愿者看到汶川理县一带数十吨成熟的樱桃无处销售，果农一年的辛勤将付诸东流。网友"午后的水妖"得知此事后，将此消息发在"天涯论坛"上，呼吁大家伸出援助之手。此帖发出之后，点击量达到 10 万条之多；新浪杂谈版主"一马青尘"也发起了这次拯救汶川樱桃事件，并最终使汶川的樱桃成功抵渝，一小时内便已售完。2008 年北京奥运会期间，奥运火炬在巴黎传递受阻以及此前 CNN 关于"3.14 藏独事件"的不实报道，引起了中国网友的强烈愤慨。网友"水婴"率先在网络上发起了"抵制法国货，从家乐福做起"的抵制运动，此后便演变成了一场如火如荼的"抵制家乐福"的全国性运动，全国多地都发起了抵制家乐福的抗议活动，最后以家乐福、LV 等法国企业出面澄清而告终。"陈易救母事件"、"拯救汶川樱桃事件"以及之前的"易烨卿"事件，都离不开版主"一马青尘"在网络上的运作，才使得这些事件产生巨大的舆论反响，并改变了现实结果，足见网络意见领袖的巨大影响力。

（三）个案分析：论坛意见领袖的生成

论坛时期的网络意见领袖很多，不同主题的论坛和兴趣空间内都有不同的网络意见领袖，他们大多为匿名的网民，有不同的风格，但共同特点是都有一群网民追随。本文将以网友"小刀断雨"为例，分析论坛时期网络意见领袖的特点。之所以选择"小刀断雨"，主要出于两个方面的考虑：其一，典型性，"小刀断雨"是天涯社区的著名网友，参与了多起公共事件，在网络上具有一定的影响力。他几乎每天都在网上发表意见，关注热点，并且制造热点。其次，代表性，"小刀断雨"并非论坛时期红极一时的网络意见领袖，他只是许许多多网络意见领袖中的一员，但他从普通网友逐渐成为一名网络意见领袖的过程与其他论坛意见领袖的成名过程具有许多相同的元素，通过研究"小刀断雨"可以发现论坛意见领袖产生的大致模式。因此，出于以上两点考虑，本文将"小刀断雨"作为个案研究对象。

1. 论坛意见领袖的识别

"小刀断雨"是天涯论坛的著名网友，2005 年在天涯论坛注册。原名朱子业，是在一家网络广告公司上班的年轻人，他同时兼任天涯社区某论坛的首席版主。从 2005 年底至 2008 年间，他在"天涯论坛"上发布的主帖共 189 篇，2005 年的 12 月底发表 14 篇，2006 年全年发表主帖 94 篇，2007 年发表 53 篇，2008 年发表 28 篇。下图为"小刀断雨"的发帖情况。

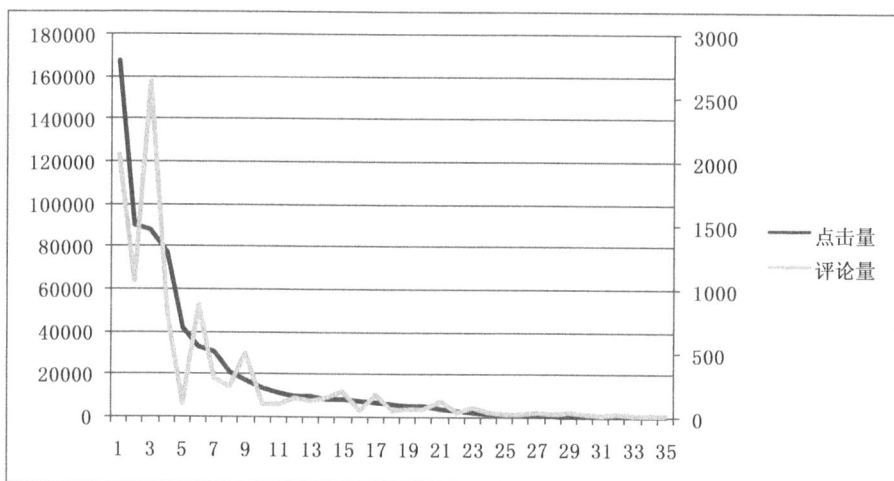

图 3 "小刀断雨"帖子的点击量和评论量

从 2005 年底至 2008 年间他在"天涯论坛"的全部帖子超过 10000 篇，不但发帖频繁，他还积极与网友互动，从他自己的回复数来看，最大回复数为 20 条，平均回复条数 2.2 条。4 年间他所参与的网络公共事件多达 16 起。"小刀断雨"不但活跃于网络空间，也引起了传统媒体的关注，笔者以"小刀断雨"为关键词在百度新闻中通过查找全文的方式检索，共检索出 100 篇新闻。其中影响较大的是他个人发起的"偷听城市"活动——"偷听北京"，用文字记录北京人生活的点滴实录，在网络上走红，引发网友灵感，争相效仿，先后又有"偷听长沙"、"偷听西安"等帖子，该活动还被新华社、新京报等媒体引用，并被认为具有潜在的商业价值。

2."小刀断雨"意见领袖影响力的形成过程

为了考察"小刀断雨"如何从一名普通网友逐渐发展成为网络上知名的意见领袖，本文将对"小刀断雨"进行历史性的考察。由于网络的匿名性，笔者仅能对能检索到的他发表的文章进行考察。"小刀断雨"主要活跃的论坛是天涯社区，注册日期为 2005 年 9 月 9 日，个人资料显示，男性，山东青岛人，1983 年 5 月出生。在"天涯社区"能搜索到"小刀断雨"最早的主帖是 2005 年 12 月 10 日，从他的帖文来看，注册之初，他发表的主要是文学、影评一类的帖文。正如一般的普通网友那样，刚开始他的帖子的访问量寥寥无几，无人问津。直到 2005 年 12 月 21 日，他评论了时下报道的"王小丫与陈章良结婚"假新闻后，点击量首次突破 1000，达到 5902 次，但回复量仍然偏低，仅 36 次。

2006 年 2 月，他又评论了《南方周末》关于"不要歧视河南人"的报道，使他的帖子的点击量和回复量飙升，分别为 33500 次和 869 次。此后，他通过评论多起社会公共事件和网络热点事件，积累了一定的网络信用，在"小刀断雨"所发布的 189 篇主帖中，关于社会公共事件、网络热点事件或者社会问题的探讨有 26 篇。如"高根鞋踩猫"事件、"武汉大学樱花事件"、"世界杯期间的媒体报道"、"邱华兴案"、"丁香小慧事件"、"汶川地震"等，期间由于具备了一定的网络知名度和活跃度，成为天涯社区的版主，为网民所熟识。

从帖子的点击量和回复量来看，意见领袖帖子的影响力与话题关注度有很大关系。2005 年－2006 年"小刀断雨"通过不断发言，逐渐获得了网民的关注，点击量在不断上升，甚至他的点评还受到了名人的关注，如他的一篇影评《你的青春让我感动》被网友转发后引起了徐静蕾的注意，想收录在她做的电子杂志中。除了网络关注外，"小刀断雨"还逐渐获得了传统媒体的青睐，2006 年以前，"小刀断雨"的帖子尽管点击量很高，但并没有传统媒体转载。2007 年以后，他的部分帖子开始引起传统媒体的关注，比如他对"山西矿难"中不断出现的"假记者"现象的分析，虽然没有引起网民的大讨论，却引起了传统媒体的注意并转载。

而令他引起广泛关注的是"范跑跑"事件。他通过发布多个原创帖被粉丝推至论坛首页，甚至置顶，引起了网民对于"范跑跑"事件的关注，继而引发了一场关于师德的大论战。由此可见，"小刀断雨"从普通网友发展成小有名气的意见领袖。

3. 网络意见领袖形成中的关键变量

从 2005 年至 2008 年的帖子来看，点击量、回复量较高的帖子大多集中于话题关注度较高的公共事件，如"汶川地震"、"CCTV 裁员"、"邱华兴案"、"黄健翔辞职风波"等，帖子最高点击量为 167559 次，评论数达 2058 条；平均点击量达 19379.4，平均回复数 287.83。其中，他关于"汶川地震"的帖子最受关注，被置顶并推荐到论坛首页。仅个别议题，如"自考生问题"、"武大樱花事件"等，虽然没有引起媒体的关注，但帖子的关注度也比较高。

表 1 "小刀断雨"发布的部分帖子

标　题	点击	回复
【感人故事】抗震救灾十五大感人绿镜头：致敬最可爱的人！	167559	2058
自考生：现实与梦想之间有多远？	90376	1064
【天涯头条】丛飞，你的生命如此多情	87919	2631
【汶川地震】对给一头猪起名叫"朱坚强"表示愤怒	77706	805
【央视裁员之谜】CCTV 裁员，劳动合同法实施前的局部地震	42266	93
《南方周末》，请不要再搀和河南人的事	33500	869
一声枪响，邱兴华还是死了	30623	298
挑衅黄健翔，《南方周末的一次自贱行为》	20760	228
武汉大学，那片肮脏的樱花	17626	499
【焦点评论】乔洪，贵州茅台的再一次山洪？	13248	89
人头碗与婴儿婴的蛮荒地带	11095	90
世界杯来临，媒体自恋般发飙	10094	141
丁香小慧，一个小孩的沉重谎言	10094	114

标　题	点击	回复
臭脚——谈高根鞋踩猫事件	8511	139
【网络互助】汶川地震版版主值班时间表	8164	187
【焦点评论】假茅台，这一滴巨毒农药的心伤	7853	44
【焦点评论】汝能知奴，妇复何求？——关于诗人赵丽华	6581	172
农民陈章良和美女王小丫的蜜月生活	5902	36
【焦点评论】清明节烧纸为什么不可，首页推荐	5380	59
【大块朵颐吃肉，悲天悯人看猫——再看高根鞋踩猫事件】	5239	60

4. 论坛意见领袖的媒介素养

在"小刀断雨"的主帖中，66％的帖子都引用了相关媒体的报道，可见，传统媒体是论坛意见领袖重要的信息源。据他本人透露，他平时也比较关注社会热点事件，身上经常背着相机，遇到值得讨论的事情他会随时拍下来，作为写作的素材，如"自考生问题"、"北京白领发公开信批北京老头老太"事件、"央视裁员"问题等。他个人本身也是学传媒专业出身，具有一定的新闻敏感性和媒介素养，这对于网络意见领袖来说也是非常重要的。网络意见领袖要想有关注度，就必需了解网民对信息的需求，知道哪类信息更容易在网络中引起讨论，形成热点。

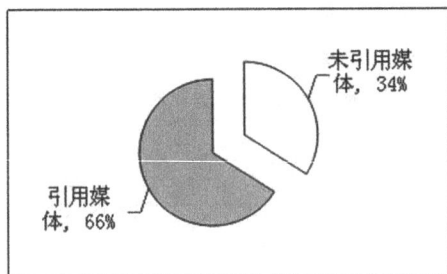

图4　"小刀断雨"帖子引用传统媒体的比例

5. 论坛意见领袖影响网络舆论的两条路径

论坛意见领袖影响舆论的路径主要包括两条，第一种路径：先影响网民，再通过网民引起传统媒体的关注；第二种路径：直接引起主流媒体的关注，再引起网络关注。不同的影响路径与论坛意见领袖在不同阶段的影响力大小有关。当意见领袖在论坛中还没有形成一定的影响力而仅仅是作为普通网民时，一般他的言论只能先引起网民的关注，当他的言论在网络上引起广泛关注，形成强大的网络舆论后才会引起媒体的关注。大部分的论坛意见领袖都属于此类，这类网络意见领袖大多具有不稳定性，稍纵即逝，其形成也带有一定的偶然性。

从"小刀断雨"的帖子可以看出，他的大部分帖子的影响力都体现在他对网络议题的扩散上，首先是在网络中形成广泛的影响，进而再引起传统媒体的关注，如他的"偷听北京"系列就是在网络中掀起巨大反响，引发网民效仿后引起了传统媒体的关注。

第二类影响路径是直接引起媒体的关注而反作用于网络舆论。当论坛意见领袖受到网民关注后，他的帖子更有可能进入传统媒体的视野。从传统媒体对论坛意见领袖帖子的采用率可以看出，"小刀断雨"在前期基本没有帖子被传统媒体引用，而在后期，尤其是 2008 年关于"汶川地震"的帖子有多篇都被传统媒体采用。但就"小刀断雨"的帖子而言，其对传统媒体的影响力是比较低的。

（四）小结：论坛意见领袖的特点

通过回顾论坛时代意见领袖的历史发展阶段，笔者发现，论坛时代的网络意见领袖作为第一代网络意见领袖的代表，具有如下特点。

1. 高学历

据中国互联网研究中心 1997 年发布的第一次"中国互联网发展状况统计报告"的数据显示，当时我国上网的计算机数是 29.9 万台，网民 62 万，其中男性占 87.7%，女性占 12.3%，21—35 岁的青年人占 78.5%。1998 年，网民数达 117.5 万，1999 年为 210 万，从性别分布和年龄分布来看，男性和 21—35 岁的青年仍占绝大多数。从网民的年龄和职业发布来看，我国早期网民以青年男性居多，IT 从业者、学生占比最大。第一代的论坛风云人物，他们大多有 IT 背景，或者在一些论坛中担任版主，敢于尝试新鲜事物。从第一代网络意见领袖的产生和发展来看，他们属于创新扩散过程中的早期采用者，在互联网资源还很稀缺、上网费用很昂贵的情况下，成为国内最早一批接触互联网的人。他们普遍具有较强的文学素养，好辩论、关注新闻、有社会责任感，正是这些原因让他们成为互联网上第一批写手和网络管理者。他们通过自己的文字或管理网友的帖子而吸引了一群网友的关注，在网民中享有很高的声望和影响力，他们的存在往往能够决定一个论坛的存亡，成为早期叱咤论坛的风云人物，也是早期网络意见领袖的典型代表。

2. 匿名性

在论坛上注册的每一个人都用一个 ID 来指代网络上的身份，大家大多不署真名，无论你在现实中从事什么行业、什么社会身份，都一视同仁。论坛的虚拟性隐藏掉了现实社会中的一切社会线索，人与人之间可以畅所欲言地自由沟通和交流，而不必碍于现实社会身份的限制。因此，互联网的发展一度使人们对于促进言论自由和言论空间寄予广泛的热情和希望。这也是互联网最开始吸引网民的特点，这一阶段的论坛意见领袖也大多是匿名的。彼此并不知道本人的真实身份，即使是"老榕"、"王小山"、"北京厨子"、"韦一笑"等很有影响力的人物，ID 的影响力也是远大于其本人的影响力。

3. 平等性

论坛意见领袖的平等性是指互联网为每个人都提供了发帖的机会和权力，发帖权是开放的，每个 ID 都拥有言论自由权，只要你有观点，能够操作电脑就可以表达。同时，论坛的主体与现实主体并非一一对应的，人与人之间的关系不再被现实中的种种社会关系、阶级阶层、社会地位所束缚，论坛主体之间不再是不对等的关系。网络空间的这种自由的氛围给人们提供了良好的表达平台，网络参与的平民化使得现实中被"精英阶层"把持的话语权下放到了民间。从论坛意见领袖发生、发展的过程来看，论坛意见领袖是在一个言论自由度比较高、成员之间身份平等的平台上自然形成的，意见领袖的形成是网民自发选择的结果。

4. 互动性

由于论坛交流的平等性，任何一个人都可以发表个人看法，也可以针对别人的发言进行评论、讨论，甚至辩论、争吵，因而，此时的论坛被当作一个多元意见可以争鸣的公共平台，这点在当时的网络意见领袖身上体现得很明显。据"北京厨子"回忆，早在"四通利方"论坛的那个时代，网友之间就通过"拍砖"的方式互相交流。"拍砖"是一个网络用语，它是指当看到与自己看法不同的帖子后予以反击，形成讨论或者争论，"拍砖"成为表达亲切感情的一种方式，多少网友就是在砖头拍来拍去中拍成了莫逆之交，正所谓"不打不相识"，甚至有时为了认识某个网络牛人，故意以"拍砖"的方式去接近对方。从论坛、博客和微博三个公共场域内网民之间的互动与交流关系来看，论坛虽然在影响力上已不及博客、微博，但论坛空间中讨论的氛围仍然很强。微博上可以看到大量的转发与评论，但意见领袖本人与追随者之间进行讨论已不多见，尤其是对于影响力比较大的意见领袖而言，回复率非常低。因此，互动性是论坛意见领袖生成的一个典型特征。

5. 自发性

由于论坛是一个极其松散的社区，彼此之间也没有强的社会联结，更没有真实的社会身份，这些人只是基于共同的兴趣、爱好自发地聚焦在一起。在论坛发展的早期，活跃于其中的意见领袖主要包括两类人，论坛版主和活跃的网络写手。版主的作用相当于传统媒体中的"把关人"的功能，版主可以在论坛中设置议题、发起讨论从而起到舆论引导的功能。他们中的大部分人是散布于社会各个角落、从事各种各样职业的人。许多版主都是凭着自己对某个社区版块的兴趣爱好而主动承担版主的工作，没有酬劳，反而需要搭时间、搭精力、搭钱，因为早期上网的费用也不低。选择当版主，可能只是自发地出于自己的兴趣或者希望得到网民的认可而已。

6. 不稳定性

论坛意见领袖大多以匿名状态散落在互联网的虚拟空间中，这一方面促进了使用者之间自由地交流，另一方面带来的问题就是意见领袖身份和地位的不稳定性。网民对其身份和言论的判断只能依靠一个虚拟的ID，与现实身份没有任何关联，甚至时常发生用户被冒用、盗号的情况，网络用户之间的信任水平比较低，这会降低用户的可信度，不易形成稳定的网络意见领袖—追随者关系。此外，论坛时期意见领袖的不稳定性还体现在其影响力的不稳定方面，依靠高质量的言论和活跃度而成名的论坛意见领袖，要想保持其意见领袖的身份就要不断付出时间和精力维持其地位，一旦无法维持很容易被其他的人所代替。如强国论坛网友"我为伊狂"2002年发了一篇近2万字的长文《深圳，你被谁抛弃?》，受到网民的热烈追捧，《南方日报》《深圳商报》《香港商报》等多家传统报纸媒体做了相关的报道，时任深圳市长的于幼军还亲自接见了作者呙中校，希望他以后能继续关注深圳，为深圳的发展和建设建言献策。2003年7月，"我为伊狂"参加了深圳问题研究座谈会。而此后"我为伊狂"便鲜少有影响力这么大的帖子。

网络更新迭代的速度非常快，与此同时，个人知识、精力都是有限的，想要维持持续的影响力并非易事。以"强国论坛"为例，每年所评选的"十大网友"被公认为具有一定的影响力，但每年网友和专家所评选出来的网友都不太相同。所以，论坛意见领袖的影响力并不稳定。

二、博客意见领袖

(一) 关于博客的研究

1. 博客的概念、发展现状与趋势

在博客研究的早期，它作为一种新兴事物引起了许多研究者的关注。早期关于博客的探讨主要是关于博客的定义、博客的发展现状以及

对博客未来发展趋势的判断。如方兴东，张笑容（2006）介绍了 2005 年博客的发展及风险投资对博客的推动情况，并提出了 2006 年博客发展的趋势①。张秋瑰（2006）通过比较中美两国博客热点的差异，分析了中国博客的现状及功能，他认为，博客力量在中国现状下，还不能够承载太多的社会功能，它更多的只是承担了一个渠道和平台的功能②。庞大力（2005）初步探讨了博客的概念内涵及特征，对其进行了广义的分类，并从传播学角度研究、论述了博客的传播性质，最后对比研究中国最具影响力的"博客中国"和"中国博客网"，以此勾勒出博客在我国的发展现状③。

2. 博客的传播特点

王晓光（2010）分析了博客社区内的互动交流结构，发现博客社区内存在明显的小世界现象，其内部还存在着大量的主题博客群落，每一个博客群落内部都包含着一个受到很多评论的核心博客与一定数量的普通博客。大多数的互动交流都发生在核心博客与普通博客之间，普通博客之间的交流比较少，而群落之间的交流也主要是建立在核心博客之间的弱联系上④。吴英劼（2004）从信源、传播过程、受众和对传统媒体的影响方面分析了博客的传播过程及对传统理论的革新⑤。张乔（2012）分析了博客新闻的定义及中外博客发展的比较、博客新闻的传播学意义、博客新闻对传统媒介议程设置和传统媒介与博客新闻的共生，他从这四个角度分析了博客新闻对传统媒介议程设置的影响⑥。

---

① 方兴东，张笑容 . 2005－2006 年中国博客发展与趋势 . 国际新闻界，2005（6）：44－47

② 张秋瑰 . 博客的力量与现状——从中美博客热点差异看中国博客的现实发展 . 2006 中国传播学论坛论文，2006：715

③ 庞大力 . 传播学角度的博客研究 . 当代传播，2005（2）：38－40

④ 王晓光 . 博客社区内的互动交流结构——基于评论行为的实证研究 . 新闻与传播研究，2010（4）：53

⑤ 吴英劼 . 博客传播模式探究 . 当代传播，2004（6）：57

⑥ 张乔 . 博客新闻对传统媒介议程设置的影响分析 . 中央民族大学硕士学位论文，2012：44

3. 博客与公共领域

林俊荣（2007）认为，博客在中国的发展非常迅速，同时也产生了很多新的社会问题，在规范和引导博客发展的同时，应当重视、保护和发挥博客的社会安全阀功能①。曾凡斌（2005）认为，在美国，博客俨然已发展成为一个颠覆传统媒体的准媒体，在政治生活中担任着重要的角色，而在中国，博客却沦落为充满色情、窥私、娱乐性新闻的小报小刊场所和商业化操纵的地方，为此他提出，中国的博客应借鉴美国，建立多元的文化以及具有政治意义的公共领域，尽可能免受商业化的污染②。杨琳，周耀民（2008）则认为，博客内汇聚了大量的"私人"参与其中，他们借助博客这种最具独立性的沟通媒介，进行批判性的讨论，通过沟通达成共识，具有形成公共领域的可能③。

4. 博客的社会性应用

博客的社会应用研究很多，主要包括博客的营销功能、博客在教育、教学及高校思想政治工作中的作用，特别是在教育领域，博客的应用性研究很多，包括博客对于促进教师专业化的影响、教育博客在教堂中的应用研究等。如陈向东，王兴辉等人（2006）分析了博客文化与现代教育技术的关系，并介绍了国外博客在教育技术中的应用情况④。王少飞（2008）认为博客作为个性化的个人知识管理系统，正受到越来越多的教育者的关注和使用，为此他阐述了辅导员博客在大学生思想政治教育工作中的特殊地位及作用⑤。

（二）博客意见领袖

关于博客意见领袖的研究成果并不如论坛意见领袖那么多。目前关

---

① 林俊荣. 博客的社会安全阀功能探析. 中国青年研究, 2007（3）：60
② 曾凡斌. 中美博客发展之政治、经济文化环境的比较探讨. 现代传播, 2005（6）：96
③ 杨琳，周耀民. 博客公共领域形成的可能性及特征. 现代传播, 2008（4）：80
④ 陈向东，王兴辉，高丹丹，张际平. 博客文化与现代教育技术. 电化教育研究, 2003（3）：17—21
⑤ 王少飞. 辅导员博客在高校思想政治教育中的作用研究. 科技信息, 2008（25）：485

于博客意见领袖的研究主要包括两个方面：基础性研究和应用性研究。基础性研究主要是关于博客意见领袖的定义及识别问题。在博客意见领袖识别方面，借鉴论坛时期评选"十大网友"的经验，一些博客平台也推出"十大博客"的评选活动，当选者成为名副其实的博客意见领袖。Xiaodan Song 等人从意见领袖的定义出发，借鉴 PageRank 的算法提出了一种新颖的算法——InfluenceRank 算法来识别博客社区中的意见领袖。除了考虑博客的重要性这个变量外，还纳入了"信息的新颖性"这个变量，并用实际的数据验证了方法的有效性①。宋昭君，戴航，黄东旭（2012）提出一种基于链接分析和内容分析相结合的算法，该算法从博文获得的内链接数、外链接数、评论数和文章长度几个方面计算博主的影响力得分，排名后选取 TOP－K 个博主作为意见领袖②。

在博客意见领袖的应用性研究方面，主要集中在商业领域和政治领域内的意见领袖研究。商业领域研究大多探讨的是口碑传播中意见领袖的作用。大多数研究者认为，网络意见领袖是影响网络口碑传播的因素之一。在政治领域方面，有研究者指出，政治博客中的意见领袖能够起到对信息进行"把关"与"过滤"的作用，美国的政治博客趋向于链接与自己意见相符的信息，同时杜绝可能危及自己政治诉求的信息。侯宏虹以民主党参选人希拉里的竞选博客为例，利用长尾理论，分析了政治博客在发掘集体智慧、拓展传播空间和赢得选票等方面的作用③。

（三）中国博客意见领袖的发展（2002－2010）

1. 博客意见领袖的雏形阶段（2002－2004）

博客从 2002 年开始就进入我国，"博客之父"方兴东成立了"博客

---

① Xiaodan Song，Yun Chi，KojiHino，Belle L. Tseng. Identifying Opinion Leaders in the Blogosphere. The Sixteenth ACM Conference on Information and Knowledge Management，2007：971

② 宋昭君，戴航，黄东旭. 一种鉴别博客空间意见领袖的算法研究. 微处理机，2012（6）：37－40

③ 侯宏虹. 政治博客影响力的长尾分析——以民主党参选人希拉里竞选博客为例. 新闻与传播研究，2008（1）：47－50

中国"网站，而真正使博客进入到中国网民视野的是 2003 年的"木子美"事件，网络作家"木子美"因在其博客中公布了她与多名男子的性爱日记而闻名，其成名大作《遗情书》记录了她与广州某著名摇滚乐手"一夜情"的故事而"一炮而红"。此事件成为媒体争相报道的热门话题，"博客中国"的网站访问量达到了 11 万人次之多①。2004 年，厦门女教师"竹影青瞳"在天涯社区个人博客里公布了自己的裸照，日访问量超过了 150 万人次；网名为"流氓燕"的天涯社区女作家也是依靠在社区中上传裸照后，引起网民的争议，天涯社区的服务器一度因为访问量激增而瘫痪，其博客也立即变得炙手可热。

由此可以看出，与美国不同，博客在中国的起步并非始于政治领域或媒体领域，而是一些所谓的美女作家大胆的身体写作。他们通过充满情色的文字、公布裸照、公开隐私的个人化日记方式吸引网民的关注，这与博客中国成立之初所倡导和定位的精英化倾向完全不同。此时这些"知名"的博客者还不能算是博客意见领袖，并不具备西方博客意见领袖在重大社会公共事件中的影响力。博客发展的初始阶段所表现出的媚俗化的倾向，使得本来应该作为崇高的思想精神家园的博客，却沦为半色情的小报小刊场所。尽管这种低俗化的文学未能增加博客本该有的思想份量，但它的重要之处在于开启了中国的博客时代，为博客意见领袖的崛起提供了条件。

2. 精英型博客意见领袖的崛起（2005－2006）

2004 年，博客开始进入商业化运作阶段，越来越多的人拥有了自己的博客。2005 年以后，门户网站相继开通博客服务，博客获得了规模性的增长，进入快速增长期。一大批网络意见领袖纷纷涌现，尤其是以娱乐明星、媒体人、专家学者、作家、商界名流等为代表的社会精英

---

① 吕艳. 从木子美事件看网络传播中的把关人. 传媒观察，2004（2）：124

人士纷纷加入了博客，一定程度上增加了博客世界的思想分量①，精英型意见领袖的崛起使博客逐渐进入到主流文化的视野。

2005 年徐静蕾在新浪上开通博客后，不到 1 个月的时间里，博客访问量就冲破了百万点击量；张靓影 2005 年 10 月开通新浪博客后，便占据了新浪博客人气排行的第一位，其后是郭敬明、张海迪和余华的博客。除了娱乐明星、知名作家外，博客也引起了政府部门的重视，2006 年的"两会博客"格外引人关注。2006 年地方"两会"时，"浙江在线"开通的"两会博客"被认为是最早的"两会博客"。2006 年 3 月全国"两会"期间，人民网"强国博客"率先开设了"两会专题"，12 名委员和 4 名人大代表开博，博客每日的点击量达上万次；湖北省统计局副局长叶青从 2005 年 3 月开博后几乎每天都要写博客，2006 年他当选为人民网评选的"社会责任博客"。

精英型博客意见领袖的崛起使得中国的博客也走出了纯粹"个人网络日记"的初级阶段，个人博客的价值在于它是获取某一领域相关信息的渠道，在媒体传播方面成为重要的传播力量。正如 2006 年中国博客调查报告所指出的，越来越多的人把博客作为一种传播个人观点和看法的平台，博客作为自媒体的属性越来越明显，目前博客已经开始充当着传统媒体的重要补充②。博客意见领袖作为博客空间中的传播节点，更是汇聚新锐思想、打造影响力的核心人物。

3. 博客意见领袖广泛参与公共生活（2007－2010）

2007 年以后，经过了前期的培育期后，博客意见领袖开始广泛参与社会公共生活。从博客意见领袖参与公共事件的频率来看，2010 年博客意见领袖参与公共事件的频率明显下降，代之而起的是微博意见领

---

① 张乔 . 博客新闻对传统媒介议程设置的影响分析 . 中央民族大学硕士生学位论文，2012：44

② 2006 年中国博客调查报告 . 中国互联网信息中心，2009 年 6 月，http：//www.cnnic. net.cn/hlwfzyj/hlwxzbg/200906/P020120709345351625610.pdf

袖的崛起。因此笔者将博客意见领袖开始广泛参与社会公共生活的年限界定为 2007 年至 2010 年。

2007 年的"厦门 PX 项目事件"是国内最早一起环境维权事件，随后，大连、昆明等地都相继爆发了抵制 PX 的运动。该事件被评为 2007 年度中国十大宪法事例之一，厦门人也被《南方周末》评为 2007 年的年度人物。在厦门 PX 事件中，专栏作家"连岳"的博客起到了很大的推动作用。"连岳"原名钟晓勇，是厦门当地比较有名的专栏作家，并为《南方都市报》《潇湘晨报》等媒体撰稿。从 2007 年 3 月至 12 月，在连岳的个人博客中关于 PX 事件的文章就有 190 多篇，而且消息灵通，掌握信源，在厦门 PX 项目还未登报之前，"连岳"便在他的博客上转载了《中国经营报》刊登的对赵玉芬院士的采访报道——《厦门百亿化工项目安危争议》。此后，他又在博客中就"公共安全"、"环保官员"、"政协委员"及"厦门人民该怎么做"这几个方面分别撰文，对问题的分析非常精辟，赢得了许多网友的认同。他的博客受众除了普通网友外，还有许多媒体记者转载、引用了他的博文，扩散了其博客的影响力，使"厦门 PX 事件"从一个地方性事件迅速扩展成为一起全国性的热点事件，让当地政府的执政能力面临空前考验。在民意的推动下，厦门市政府启动了公众参与程序，最终促成了多方利益的共赢。

韩寒也是成名于博客的意见领袖，2006 年韩寒开始写博客，与文坛前辈论战，炮轰作协，和文学评论家白烨论战，都让他在网络上收获了不少名气，那种蔑视权威、年少轻狂和玩乐的心理赢得了很多年轻网友的认同。同时他还参与了多起公共事件，表现突出，曾被评为《亚洲周刊》2009 年风云人物、《南方周末》2009 年度人物、"中国最具社会责任感的 100 位知识分子"、在美国《时代》周刊公布的 2010 年入围"全球最具影响力人物"200 位候选人名单中，韩寒以高居第二位的网民投票数顺利入榜。

2009 年以后，以韩寒为代表的一批博客意见领袖掀起了网络舆论监督的热潮。从"北川采购豪华越野车"、"胡斌飚车案"、"上海钓鱼执法案"、"邓玉娇案"、"长江大学生救人案"到"央视大火事件"、"李刚门"再到"辽宁庄河千人下跪事件"、"富士康跳楼"、"上海大火事件"等，意见领袖通过个人博客发表言论、对公共事件发表看法，从参与公共事件到制造热点，博客意见领袖的主动性越来越明显。博客意见领袖从个人的日常记录到评点时事，再到对国家政策、公共管理建言献策，博客意见领袖的社会影响力也越来越突出。

（四）小结：博客意见领袖的特点

1. 个性化

博客被誉为现代的网络个人出版社，是一种相对个人化的媒介，博客从产生以来就是个性化的，尤其是当所有人的观点都相近时，个性化便成为博客发挥影响力的关键。比如"木子美"、"流氓燕"等人，她们通过博客展示自己的个性，虽然这种个性化是歪曲的、低俗的；韩寒的博客也是个性化的，他的语言、观点都具有独特的"韩氏"风格，所以大家才追捧他；李承鹏、五岳散人等都有各自独特的风格。事实上，博客的每个参与者都可以根据自己的喜好、价值观、立场、观点，发表个人看法，个人在很大程度上可以从各种经济利益集团和国家意识形态的限制中解脱出来。虽然这种解脱在一些敏感问题上仍受到限制，其发表的言论也要接受审视和监察，但相比而言，博客仍获得了一定的自由度。博客主们可以在这个虚拟的网络空间中分享信息、交流讨论、畅所欲言，这是互联网所鼓励的，它使公民个性化的表达成为可能，并且降低了公众参与公共讨论的门槛。

互联网专家托尼·帕金斯认为，互联网对媒体行业产生的主要影响就是迫使媒体变得越来越趋于与人分享和参与，博客精神的核心并不再是自娱自乐，甚至不是个人表达自由，而是体现一种利他的共享精神。对博客来说，自我意识的觉醒只是硬币的一面，更重要的一面则是交流的欲望和对开放精神的认同。因此博客既是个人性的，同时也是开放性的，它是一个由私人构成的公共领域，尤其是意见领袖的博客。意见领袖的博客是意见领袖对外公开自己的一扇窗户，是意见领袖与外界进行交流、沟通的一种工具，也是其发挥影响力的工具。博客的公开性使得意见领袖身边聚集着一批追随者，他们可能早就为人所知，也可能关注共同的话题。正是在这种对外交流的过程中，意见领袖通过博客逐渐获得了越来越多网民的认同，在他的周边形成一个越来越大的博客圈，形成一种以其个人博客为中心，不断向外辐射的传播形式。意见领袖博客的开放性越高，其博客的影响越大。

博客的个性化带来的还有权利的消解，当越来越多的人都拥有自己的表达渠道时，公众对传统媒体的依赖度会下降，当更多人都能发表各人独特的观点时，更容易促成公共讨论的发生。比如在"华南虎照事件"中，网民对于虎照的真假都有自己的评价标准，公共舆论场中形成了"打虎派"和"挺虎派"的两大阵营。"挺虎派"的代表之一，林业局官员关克就"华南虎照事件"在自己的博客中发表了多篇博文，访问量达十几万，成为"挺虎派"的核心人物。与此同时，"打虎派"专家傅得志也在自己的博客中针锋相对，揭露野生华南虎照的骗局。再如2008年的"抵制家乐福"事件中，面对网络舆论上"一边倒"的支持，作家韩寒、主持人白岩松和火炬手金晶都表达了自己的意见，他们并不赞成抵制家乐福，号召网民应更加理性化。虽然并未扭转舆论，但也获得了一部分网友的认同。正是由于博客给了所有人发言的权利，网络舆论不再仅仅是一种声音，尤其是对于仅能容忍一种声音的网络舆论而言，这种个性化的表达更加有意义，它使话语权不再垄断或集中到一部分人手中，允许个人表达不同的观点。

2. 精英化

在西方国家，博客发展之初就被应用于政治生活中，政治博客很有市场。在美国，博客甚至被认为是一种主流化的准媒体，它颠覆了传统媒体的部分功能。中国的博客在获得了规模性增长之后，也逐渐走向了主流化的视野，尤其是突发公共事件中博客的表现也是可圈可点，一批活跃的博客意见领袖脱颖而出，他们大多来自社会中的精英阶层，包括传统媒体从业者、作家、行业精英、专家学者、官员等。所谓"精英"，原指"精选出来的少数"或"优秀人物"。精英理论认为，社会的统治者是社会上的少数人群，他们在智力、性格、能力、财产等方面都超过大多数被统治者，对社会的发展有着重要的影响和作用。博客意见领袖的精英化主要指的是话语权主体的精英化，这些博客意见领袖在写博客之前就具有一定的话语权，他们的博客能够对社会公共生活产生一定的影响。当然也有部分网民是从默默无闻的草根最后发展成为一呼百应的博客意见领袖，但这部分意见领袖数量比较少，也带有很大的偶然性，意见领袖的地位并不稳定。而精英型博客意见领袖通常是比较稳定的，他们广泛地参与社会的公共生活，在许多事件中都发挥了舆论引导的功能。

3. 专业化

博客意见领袖的另外一个突出特点是专业化。相对于网络上遍布的"情绪化"表达，意见领袖的观点更加理性和专业。博客的定位是一个信息、知识的分享平台，正如博客中国网站所倡导的，它是一个产生思想、产生观点的地方，在这个平台中，观点更为重要。博客意见领袖所提供的观点要想经得住考验，就要有一定的专业性。专业意见一方面指知识的专业化程度，许多博客意见领袖本身就是某一领域的专家，他们对社会有自己的理解，善于披露现实中存在的问题，揭露事件背后的真正原因，愿意为网民传道、解惑。另外一方面是观点的专业性，一些作家、时评人虽然并不是某一专属领域的专家，但他们对社会问题的分析很透彻，观点能够经受住网民的考验。比如在"胡斌飙车案"中，当杭州警方草率地通报胡斌当时的车速是 70 码时，网络舆论再次升级。意见领袖韩寒在其博客中撰文，在杭州飙车案中，街上目击者的叙述只有参考价值，不能完全取信，据韩寒的分析，肇事者很明显超速了。当时该路段的限速是 50，交警给出的 70 公里每小时的车速，在视觉上并不会让人产生"快"的感觉。他分析胡斌所驾驶的这辆车原厂的刹车配备非常顶级，是准赛用的级别，时速 100 公里的速度，刹车到 0 大概需 35 米，而车子撞到人之后过了 50 多米才停住，假设他当时全力刹车，那速度应该在 120 公里左右，为此他推断，70 码的说法并不合理。在"上海钓鱼执法"事件中，韩寒又对张晖收到的钓钩威胁信进行分析，发表了博文《一封信》，文中从威胁信的句式、标点出发，分析出这封信并非出自钓头之手的观点，令不少网友佩服。

三、微博意见领袖的研究

（一）关于微博的研究

1. 国外关于微博的研究

微博是一种社交软体，最早来源于国外的 Twitter，作为一种社交网站，它本身的传播特点、用户使用行为和结构引起了国外研究者的关注，如 Huberman（2009）研究了微博客用户之间的关注与被关注的关系[①]，Krishnamyurt（2008）通过对 Twitter 的调查，用数据指出了不同阶层微博用户的行为、使用习惯的区别以及这个平台的扩展速度[②]，Akashay Java 的研究则侧重于微博客的网络拓扑结构，他指出，微博客平台存在三种不同的用户：信息源、朋友、信息搜索者，而微博内容可以分为四类：日常寒暄、交谈、共享信息和新闻播报[③]。这种分类方式

---

① Hubeman. B. , Romero. D. M. & Wu, F.. Social networks that matter: twitter under the microscope. First Monday, 2009 (14): 1—5

② Krishnamurth. B. , Gill, P. & Arllitt. M.. A few chips about twitter. In proceedings of WOSP, 2008 (8): 19—24

③ Java. A. , Finin. T. , Song. X. et al. Why we twitter: understanding microblogg ingusage and communicties. In proceedings of the joint 9th WEBKDD and 1th SNA—KDD Workshop 2007, 2007: 56—65

为微博客社交网络拓扑划分了职责不同的节点。

在应用方面，国外研究者更加关注微博在政治活动和商业活动中的作用。与此同时，国外研究者对于微博在商业领域的研究也比较成熟。如美国学者 Warren Whitlock（2008）撰写的《Twitter Revolution：How Social Media and Mobile Marketing Is Changing the Way We Do Business & Market Online》从企业的角度分析了微博对于企业运营的影响。除此之外，Joel Comm、David Meerman Scott 等人，就微博对于企业营销的影响进行了专门的论著。美国著名社会性媒体记者谢尔·以色列的《微博力》一书，更全面地阐释了企业、个人如何利用 Twitter 进行商业营销。

2. 国内微博研究现状

虽然微博在中国兴起的时间不长，但关于微博的研究却呈现出了爆发式的增长，微博发展的热潮也带动了学界对于微博研究的热潮。从研究内容和研究领域来看，微博不但是一种新的传播方式，而且对整个社会的政治、经济、文化、交流方式及生活方式都产生了巨大的影响。下面仅就几个主要的方面谈一下微博在中国的研究现状。

微博本身的发展及特征。微博的迅速崛起引起了许多研究者的关注，有人说，微博是博客、社交网站、手机通信等产品的集大成者，微博传播具有原创性、快捷性和交互性等特点。谢耘耕，徐颖（2011）介绍了微博的历史、现状与发展趋势，他们认为，微博不仅在中国的社交网站中占据着领先的地位，更成为中国最具影响力的媒体之一[①]。夏雨禾认为，微博是一个文化性、个人性和情绪性的互动空间，关注的程度和角色意识的强弱，与角色扮演的空间呈明显的负相关关系。同时他也指出，在现实社会话语权力空间中处于"弱势的草根"将有可能成为微

---

① 谢耘耕，徐颖. 微博的历史、现状与发展趋势. 现代传播，2011（4）：75

博互动再建构的主导性力量①。与传统的"一对一"的交往方式不同，微博更符合标准用户的实际社交方式，也增加了社交关系的复杂度。彭兰也认为，微博客并不是博客的一种简单延伸，它把即时通信、SNS和博客等网站的特点结合起来，从而在新闻传播方面形成综合的优势。微博传播的特性也有利于公民新闻的主体更加多元化，人们的参与更加持续化、制度化②。

微博受众的研究。关于微博受众的研究主要包括微博的受众心理研究、媒介使用研究、受众群体行为分析等方面。鲍婕（2011）以新浪微博为例，从微博受众心理的角度，分析了微博是如何满足受众的心理需求的。王静波以"湖南卫视"的官方微博为例，分析了微博受众的"使用与满足"心理。南京大学信息管理系赵文兵，朱庆华（2011）以"和讯财经"微博为例，使用计量学方法，对微博客用户的特征进行了统计，研究发现，微博客用户的关注数、被关注数和博文数均具有统计特性，地域差异明显。

微博的传播及影响。有研究者指出，微博的信息传播呈现了一种人际传播和大众传播相混合的传播机制，这种社交媒体打破了传统的二级传播模式。一方面传者与受者之间的界限被打破，另一方面信息获取和发布手段简化，对于信息的接触与获取简单到一个搜索引擎，实践中，受众很少再从中间媒介获取二手信息。李林容，黎薇（2011）认为，微博具有迷你性、即时性、草根性、碎片化、社交性等文化特性及传播价值③。

微博与公共领域的研究。张媛认为，微博成为重大新闻事件以及突发事件的报道平台，并具有为突发性公共事件设置议程及释放社会话语

---

① 夏雨禾．微博互动的结构与机制——基于对新浪微博实证研究．新闻与传播研究，2010（8）：60

② 彭兰．微博客对网络新闻传播格局与模式的冲击．新闻学论文集（第24辑），2010：141—149

③ 李林容，黎薇．微博的文化特性及传播价值．当代传播，2011（1）：22

空间的功能，微博信息的共享和交流有益于群体达成共识。夏雨禾（2011）基于"抚州爆炸案"和"增城聚众滋事"这两起事件，采集了新浪微博中的 6 个微博和 550 个消息样本，对突发事件中微博舆论的分布形态、构成要素、生成机制和模式等问题进行了深入研究，研究发现，选择近距离"围观"已成为舆论集结的趋势性特征；实名主体的"谨慎"和匿名主体的"超脱"使得"沉默的螺旋"理论呈现相反的逻辑；承载舆论的互动网络在规模和质量上各有差异，质疑性质的舆论同时占有规模和质量上的优势①。

微博的社会化应用。微博的社会化应用主要体现在微博对商业领域、政治领域的影响，包括微博营销、微博问政等。如金永生，王睿等人研究了企业微博营销的影响力与粉丝数量之间的定量关系，并建立了衡量企业微博营销效果的短期互动模型②。微博对政府日常治理活动的影响也日益突出，随着多个国家部委、地方政府开通了微博，政务微博如火如荼。上海交通大学、复旦大学都对中国政务微博的现状进行了研究，报告指出"微博问政"已渐成政府信息公开的新趋势。除此之外，微博的影响力还体现在微博舆论对国家认同的建构上，这些研究都从不同侧面反映出微博对当下社会各方面的影响。

微博与传统媒体的关系。于建嵘认为是平面媒体造就了微博的力量。没有平面媒体的配合，没有社会行动，网上的舆论再沸腾，也不会产生压力。由于普通个体用户作为信息发布者所输出的信息是有限的，这使得个体用户在一定程度上回归了对既有媒体状态的依附，尤其是网络媒体。微博除了从传统媒体上获取信息之外，微博上的部分信息也成为传统媒体的新信源，对传统媒体进行信息上的反哺③。周葆，陈芸以

---

① 夏雨禾．突发事件中的微博舆论——基于新浪微博的实证研究．新闻与传播研究，2011（5）：43

② 金永生，王睿，陈祥兵．企业微博营销效果和粉丝数量的短期互动模型．管理科学，2011（4）：71

③ 桑亮，许正林．微博意见领袖的形成机制及其影响．当代传播，2011（3）：14

微博为例，论述了网络媒体对传统新闻采编、传统媒体受众及传统媒体广告的冲击①。作为大众传播效果研究的经典理论，"议程设置"理论的假说正面临着数字传播环境的挑战。高宪春（2011）对新媒介环境下议程设置理论的研究新进展进行了分析，他指出，新媒介环境下，个体能力增强，人们已不是被动地接受信息，而是主动地创造、传播信息，议程设置理论所依据的"拟态环境"的背景已发生了变化②。王金礼，魏文秀（2011）以"随手拍解救乞讨儿童"活动为例，验证并阐释了微博超议程设置功能的一般特征③。而田维钢，付晓光（2012）则认为，传统大众传播媒介中传者的"传播特权"在微博这里是缺失的，进而导致媒介深层控制缺失，议程设置功能也弱化了，但议程设置功能仍然存在，只是以一种比较软性和潜在的方式存在④。

当然微博也存在不少负面效应，如微博舆论暴力、微博谣言等，同时对于微博的巨大影响力也有学者持质疑态度，如傅国涌认为，微博只是一种工具，它是中性的。作为一种工具，一般而言，微博只是在应急动员时可以发挥一些特殊的作用，在根本的层面上不能起作用。于建嵘也认为，没有平面媒体的配合，没有社会行动，网上舆论再沸腾，也不会产生压力。当然，微博并不能代替人的功能，推动这些社会变化的主体仍是人，但微博的传播特性给这些变化提供了一定的动力，加速了这一过程。

（二）微博意见领袖

作为一种新兴媒体，微博从 2010 年开始迅速崛起，微博意见领袖

---

① 周翔，陈芸．网络媒体对传统媒体的冲击——以微博为例．新闻前哨，2012（12）：94

② 高宪春．新媒介环境下议程设置理论研究新进路的分析．新闻与传播研究，2011（1）：18

③ 王金礼，魏文秀．微博的超议程设置：微博、媒介议程互动——以"随手拍解救乞讨儿童事"件为例．当代传播，2011（5）：69

④ 田维钢，付晓光．大众传播理论在微博环境下的有限性和有效性．现代传播，2012（3）：141

的研究也从此时开始增多。有研究者指出，意见领袖在理论上是存在于任何团体中的可信的、预置信息的人，意见领袖的存在有助于从整体上提升微博平台上的信息的公共性和专业影响力。众所周知，意见领袖是在大众传播的二级传播过程中发现的，由于网络环境下信息的丰富性和易获性，以及传统媒体通常难以有效实现的互动性，学者们开始重新审视"二级传播理论"在新媒体环境下的适用度以及意见领袖的内涵（Case，et al，2002）。微博的"关注"功能使它更接近于 Facebook、开心网等 SNS 平台的功能，个体用户关注更多的是某些用户的状态，而不是某个话题[1]，所以微博的传播是一种基于信任的传播，要成为微博意见领袖，首先需要取信于网民。而实名认证是获得信任的最直接的方式，它使得某些用户在现实生活中具有的一定的话语权和权威性，继续延伸到网络中，拥有更多的粉丝。周庆山等人通过对比不同类型意见领袖与普通微博用户的微博转发数和评论数，论证了微博中意见领袖的存在[2]。桑亮，许正林（2011）认为，二级传播中的意见领袖在微博中仍然存在，微博并未真正改变传统意见领袖的影响模式[3]。我国微博意见领袖的实践虽然仅仅经过几年的时间，但微博意见领袖的研究成果已非常丰富，主要包括以下几个方面。

1. 微博意见领袖的识别

微博意见领袖的识别在汲取了论坛、博客、社交网络等形式的网络意见领袖研究方法的基础上，研究方法更加多元。王君泽等（2011）利用 web 爬虫从新浪微博中获取了 830059 位微博客用户的信息和3217146 组好友关系，以此为基础构建实验数据集合，从关注用户数量、粉丝数量、是否被验证身份和微博数量这四个方面作为识别意见领

---

① 孙卫华，张庆永. 微博客传播形态解析. 传媒观察，2008（10）：12

② 周庆山，梁兴堃，曹雨佳. 微博中意见领袖甄别与内容特征的实证研究. 山东图书馆学刊，2012（1）：22－34

③ 桑亮，许正林. 微博意见领袖的形成机制及其影响. 当代传播，2011（3）：12

袖的维度①。武汉大学沈阳教授等人（2011）从微博热点事件出发，研究了意见活跃分子的群体特征及话语策略，研究发现，媒体及其从业者和社会名人，才是微博世界中的"说话者"，从人群阶层看，能够在公共事件中发布有影响力微博的用户，基本都是现实中的社会精英②。刘志明，刘鲁则（2011）运用 AHP 以及粗糙集理论，从用户影响力、用户活跃度两个维度出发，提出微博意见领袖的指标体系③。孙乃利等人（2012）从影响力和活跃度两个方面衡量意见领袖的领袖值，影响力又被细化为粉丝数、互关注度、是否认证、转发数和评论数 5 个指标，活跃度包括原创微博数、回复数和活跃天数 3 个指标，同时采用层次分析法计算各指标的权重④。

2. 微博意见领袖的功能

李良荣（2012）认为，网络意见领袖大致可分为三类：第一类是以姚晨等人为代表的文体界明星，第二类是记者、作家、专家等为主体的公共知识分子，第三类是草根领袖。无论哪类，他们成为意见领袖的权力都来源于社会资本——以名望、声誉而获得公众的认可⑤。毕宏音（2011）认为，在全民微博的时代下，网络意见领袖与大众传媒的角色有重叠，网络人际沟通的去中心化，使得意见领袖的来源更多元，意见领袖对网络舆情的影响作用也会更加突出⑥。柳旭东（2011）在《意见领袖在社群媒体传播中的维度》一文中，阐释了社群媒体传播中意见领袖的 5 种角色，分别为信息"母港"、解读者、过滤者、传递者以及协

① 王君泽，王雅蕾，禹航，徐晓林，王国华，曾润喜. 微博客意见领袖识别模型研究. 新闻与传播研究，2011（6）：81－88

② 芦何秋，郭洁，廖俊云，石慧，沈阳. 新浪微博中的意见活跃群体研究——基于 2011 年上半年 27 件重大网络公共事件的数据分析. 新闻界，2011（6）：153－156

③ 刘志明，刘鲁. 微博网络舆情中的意见领袖识别及分析，2011（6）：8－15

④ 孙乃利，王玉龙，沈奇威. 微博客意见领袖识别的研究. 电信技术，2012（12）：78－80

⑤ 李良荣，张莹. 新意见领袖论——新传播革命研究之四. 现代传播，2012（6）：32

⑥ 毕宏音. "微博"热潮下的网络意见领袖变化趋势. 新闻爱好者，2011（8）：4－6

调人的功能①。一些微博用户因为直接卷入事件当中而引起网络关注，可能会在瞬间成为微博网友关注的焦点。彭兰认为，权力关系对于信息的流向是有明显作用的，处于权力中心的人，对于信息传播的规模、走向以及相应的意见等，都会产生比别人更大的作用②。

3. 意见领袖对公共舆论的影响

齐宏彪（2012）分析了公共事件中的意见领袖，主要包括三种类型：见证者、广播者和意见提供者。前两者在公共事件中起到了信源的作用，而意见提供者具有较强的判断力和分析能力，并且具有一定的社会名望，能对不同领域的现实问题提出精彩的论断，受到微博网友的尊崇和跟随，引爆舆论③。刘林沙，陈默（2012）通过分析"甘肃校车事件"中微博意见领袖对舆论的引导作用，发现微博中的舆论领袖在引导舆论方面还存在名人微博娱乐化、草根意见领袖的言论待规范、微博舆论环境缺乏引导等问题④。李金花，于小婧（2012）认为互联网的发展为意见领袖提供了更多元化的表达空间，也在一定程度上改写了网络意见领袖发挥作用的方式，网络意见领袖在微公益中起到了设置议题、传递信息、引导观点、凝聚力量以及维持关系的作用⑤。

当然也有研究者对于网络意见领袖的作用有不同看法，如郑和等人以新浪微博为例，分析了微博上普通议题转化为网络议题背后的关键因素，通过分析发现，意见领袖的参与对网络舆论事件的形成影响不大。他们认为，在新浪微博这样的自媒体上，意见领袖的作用比现实生活中削弱了，这与网络媒介的特性、信息爆炸的现状等有关。当事件占用的

---

① 柳旭东．意见领袖在社群媒体传播中的维度．新闻与传播研究，2011（6）：75－79
② 彭兰．微博对网络新闻传播格局与模式的冲击．新闻学论文集（第24辑）．2010：141－149
③ 齐宏彪．公共事件中微博"意见领袖"特点探析．今传媒，2012（6）：144－145
④ 刘林沙，陈默．突发事件中的微博意见领袖与舆情演变．电子政务，2012（10）：50－55
⑤ 李金花，于小婧．微公益中网络意见领袖的作用．新闻世界，2012（9）：143－144

社会资源越多时，越容易转化为舆论事件①。张涛甫等认为，意见领袖更易于成为公共话题的引爆者。主要受到两个因素的影响：其一，意见领袖更知悉公众的关切；其二，意见领袖引发的话题更易吸引人关注，但微博的舆论场域不是真空存在的，而是受到外部社会、媒介技术以及舆论场内部因素的影响，微博意见领袖的空前活跃给中国舆论生态带来巨大的不确定性。但他们的行动活性不是无限度的，而是受到外部、内部、技术三个层面不确定性的制约，从而使得微博意见领袖的行动空间充满变数②。陈丽芳（2012）也指出，意见领袖在微博传播中起到了引导舆论、促进微博公益传播以及舆论监督的作用，他同时也谈到了意见领袖的负面影响，容易滋生谣言③。

（三）微博意见领袖在中国的发展（2010－2013）

微博意见领袖在中国是新兴起的事物，2009 年新浪网推出了"新浪微博"内测版，微博正式进入中文上网主流人群视野。在开通之初新浪微博就具有了良好的用户群，当年的用户规模已达 0.3 亿；2010 年，微博格局初定，用户总数接近 2.5 亿；2011 年突破 3 亿；2012 年，新浪微博最近公布的用户数已超 5 亿④。如此庞大的用户规模使微博具有广阔的经济潜力和社会潜力，一大批有影响力的个人纷纷开通微博。博客和论坛的式微，使许多传统的意见领袖和网络意见领袖也随之迁移，有些转战成为微博意见领袖。与此同时，传统媒体、政府机关、企业等社会组织和机构也纷纷开博，这使得中国的舆论场迅速转移，微博成为当下中国反映社情民意的舆论场。

事实上，中国微博的发展最早可追溯至 2007 年，但早期的微博网

---

① 郑和等．意见领袖对事件形成的影响——以新浪微博为例．新闻前哨，2012（3）13－17

② 张涛甫，项一嵚．中国微博意见领袖的行动特征——基于对其行动空间多重不确定性的分析．新闻记者，2012（9）：14

③ 陈丽芳．论意见领袖在微博传播中的作用．中国报业，2012（1）：36

④ 新浪微用户数超 5 亿．新华网，2013 年 2 月 21 日，http：//news. xinhuanet. com/new-media/2013－02/21/c _ 124369896. htm

站如"饭否"、"滴答"等很快被关停，2009 年新浪微博通过"名人战略"吸引了大量的人气。由于明星本身就有较为成熟的社会关系脉络，发布的内容也不太会涉及敏感的内容，这批人成为新浪微博名人化的第一批产品。彼时新浪与一大批名人签订了"战略合作"协议，姚晨、小S 等一批明星很快就获得了大量的粉丝。而随着微博的不断发展、微博人数的不断增加，微博的即时、交互的特性对公共事件的发展起到了越来越大的作用。中国人民大学新闻学院副院长、舆论研究所所长喻国明教授认为，"微博是个体向社会喊话和表达的一种个人媒体，由于传统媒体表达渠道的缺失，中国网民中利用微博和博客关心公共事务的热情和实际发生量很明显，对于整个社会的信息透明度、意见表达的均衡性和对真相追逐的空间，都提供了一定的可能性。在这种状况下，新浪开启了"名人战略"的第二步，2010 年"两会"前后，大批的传统媒体和传统媒体出身的记者，以及一些专家、学者、企业家等也纷纷入驻新浪微博，越来越多的微博意见领袖开始介入公共事件。

1. 微博意见领袖力量初显

2010 年 9 月，一起发生在江西的拆迁自焚事件使宜黄这个小县城成为全国关注的焦点，微博意见领袖的力量初步显现。2010 年 9 月 10 日，江西抚州宜黄县户主钟如奎的妹妹钟如琴、母亲罗志凤、大伯叶忠诚被烧成重伤。9 月 18 日，叶忠诚因伤势严重抢救无效死亡。9 月 12 日，宜黄县人民政府办公室发公告称钟家 3 人是"以泼洒汽油等极端方式对工作人员进行威吓，不慎误烧伤自己"，至此"宜黄事件"并未形成广泛关注。而之后的两场"微博直播"才真正改变了事件的发展走向。

第一场微博直播是 9 月 16 日，钟如九、钟如翠两姐妹去北京反映情况时，在南昌机场遭到数十位干部围堵，最后躲进女厕所，向媒体求救。最开始求救的是《新世纪周刊》记者刘长。7 点 39 分，刘长在新浪发表了第一条微博。

"【紧急求助！】今天上午7点，抚州自焚事件伤者钟家的两个女儿在南昌昌北机场，欲买机票去北京申冤，被一直监控她们的宜黄当地四十多个人控制在机场，家属报警无用，现仍在机场，处于被扣状态中，泣血求助网友。"

与此同时，刘长开始联系同行跟进这起事件，《凤凰周刊》记者邓飞就是其中之一。钟家姐妹最终没能登上飞机，经过一间女卫生间时，她们把自己反锁在卫生间的格子里，通过电话与刘长联系，描述现场状况，刘长一边打电话一边打字再QQ传递给邓飞，邓飞再通过微博发布。在短短的一个小时之内，邓飞就连续发布了二十几条微博，"宜黄事件"开始在网络上形成热点。

第二波微博直播的主题是"抢尸与软禁"。当时的宜黄县领导为避免家属闹事，带人要将叶忠诚的遗体送回宜黄，遭到了家属的反对。钟如九在看到了第一波微博直播的威力后也开通了自己的微博，她通过手机对这一事件进行了微博直播。

"我大伯1：20左右过世了，2：30左右宜黄县委书记带了100多人到南昌一附医院，把我大伯的尸体强行抢走了，这个社会还有法吗？他又为何有这么大的胆呀，好心人都忙转吧，求求你们了。"

随后她又更新了几条微博。9月18日，钟如九微博直播的"抢尸事件"几乎占据了当天互联网各大微博、论坛及社区的头条位置①。当天，抚州市委便对"宜黄县拆迁自焚事件"中的8名相关责任人作出了处理决定，宜黄县委书记、县长被立案调查。

2010年是中国的微博元年，钟如九的维权之路让人们首度见识到了"直播与围观"的力量，人民网、中青在线和天涯社区向钟如九颁发了"2010年度微博人物评选维护权益奖"。"宜黄拆迁自焚事件"开启了"微

---

① 宜黄强拆自焚事件．见证微博力量，2010年12月30日，http：//zm. njnews. cn/html/2010－12/30/content _ 719716. htm

博直播"和"微博围观"的先河。记者邓飞无疑也是这一事件中的意见领袖，他表示，如果没有宜黄事件，也可能有其他的事件触发微博的舆论风暴，因为民众的意识已渐次发育，各种社会问题的压力由来已久，微博只不过是蝴蝶扇动的那对翅膀，轻轻一颤，整个中国便为之搅动①。

2010 年的"上海大火事件"是"微博围观中国"的又一具有里程碑意义的事件，它开启了公民报道之先河。"上海大火"的第一条消息是网友通过微博发布的，远早于传统媒体介入时间。其次，上海大火事件中涌现出了很多意见领袖，韩寒、仇子明、罗昌平、北京厨子等人都介入其中。记者仇子明揭露了与火灾事故相关的许多问题，如事故发生的真正原因、工程总承包方静安建总和上海佳艺已有不良安全问题前科、上海佳艺的财务收入等问题，同时他还发微博澄清了"承包公司是区长夫人的"传言，这种公立、追求事实真相的态度使仇子明的言论在网上具有很大的影响力。"北京厨子"是在"宜黄拆迁自焚事件"中涌现出的民间意见领袖，他通过微博全程参与大火发生的整个过程，并且号召微博网友自发组织悼念活动。

值得说明的是，"上海大火事件"并没有仅仅停留于网友围观，微博强大的动员功能形成了一场声势浩大的社会运动。事件发生的"头七"当日，数万民众自发地涌向事故现象为死难者敬献鲜花。虽然"头七"祭奠这种方式在中国并非首次出现，但以往大多由政府充当主导性角色，而此次完全由群众主导、公民自觉主动参与、且参与人员数量之大，在中国都开创了先例。王小塞和夏商两位微博网友，正是这起悼念活动的发起人之一，在"上海大火事件"之前是微博上名不见经传的普通公民，在互联网上也没有一呼百应的影响力。但正是这些平凡的普通人在网络上真诚地呼吁网民在"头七"之日献上自己的一束鲜花，并且

---

① 邓飞. 宜黄事件微博直播拓展言论边界. 新浪网，2013 年 2 月 19 日，http：//news. sina. com. cn/m/2013－02－19/152026300526. shtml

还帮助许多外地的网友代买鲜花，在网络上引起了很大的反响与支持。用夏商自己的话说，此献花贴未发出前自己的微博从没有被转载过万，自己也惊讶于微博带来的巨大的传播与聚合功能，让普通人的声音也能受到关注，并且引起巨大反响。自此以后，王小塞、夏商还积极主动参与其他活动，成为名副其实的意见领袖。

2. 微博放大了意见领袖的社会影响力

2010 年岁末，《南方人物周刊》将"微博客"作为 2010 的年度人物，同时还认为，意见领袖作为微博舆论的中心节点，在整个微博舆论形成演变过程中起到至关重要的作用。2011 年年初，由知名学者于建嵘发起的"随手拍照解救乞讨儿童"公益活动开启了全民微博公益的先河。"随手拍"活动的起因是一名母亲请于建嵘教授帮忙发微博，寻找失踪的孩子杨伟鑫。于建嵘的微博发出后，立刻引起网友的广泛关注。有网友表示，在 2010 年初曾在厦门看到一名和杨伟鑫相似的乞讨儿童，并上传了孩子乞讨时的照片。随后，孩子的家人赶往厦门寻找其下落。此后，不少网友都让于建嵘教授帮忙在网上寻找孩子，于是他建立了一个"随手拍照解救乞讨儿童"的官方微博，希望通过网友的力量，让丢失孩子的母亲在这个微博里看到希望。该微博开通仅仅 10 天，就吸引了约 57 万多名网民的关注，其中还包括不少影响力比较大的各界知名人士及公安部门。目前该官方微博已形成了一个由 5 名志愿者组成的小团队。虽然"随手拍"活动的效果、专业性及可能出现的伦理问题等都引起了各界质疑，但它的积极作用在于推进了民间公益的发展。在"随手拍"之后，微博上的社会救助活动基本每天都在上演。受此启发，由邓飞发起的"免费午餐"和"大病医保"等公益活动也取得了很大的成功，这些微公益活动都发自于微博，并利用微博强大的动员功能，最终形成了一场全社会的公益活动。

3. 微博意见领袖影响中国社会

2011 年 7 月发生的"温州动车事故"将微博意见领袖的影响力推

向了新的高潮。"温州动车事故"是继"上海大火"之后又一起由微博首发的重大突发公共事件，从信息的时效性、影响力来看，微博成为此次事故中的一个重要发声渠道。乘客"袁小芫"在事故发生的4分钟后，便发出第一条微博。

"D301在温州出事了，突然紧急停车了，有很强烈的撞击。还撞了两次！全部停电了！！！我在最后一节车厢。保佑没事！！现在太恐怖了！！"。

13分钟后，另一名事故当事人"羊圈圈羊"的一条求救微博引来众人的围观。

"求救！动车D301现在脱轨在距离温州南站不远处！现在车厢里孩子的哭声一片！没有一个工作人员出来！快点救我们！"。

通过网友积极的转发、评论，"温州动车事故"的信息迅速扩散。7月24日，即事故发生的次日，搜救工作还在继续，从掩埋车头、切割车体，事故原因不明到最后一名生还者小伊伊被救出，整个救援工作都是在传统媒体广泛介入、微博直播的传播环境下进行的。面对发言人的言行不当、事故原因不明、现场救援失利、赔偿一波三折等诸多问题，微博上形成了一波又一波的舆论高潮，铁道部等中央机构和部分中央媒体等都被置于舆论的漩涡之中，微博意见领袖不断推动着舆论的高涨与演变。

在这起事件中，参与的微博意见领袖人数之多在以往的公共事件中是始无前例的，既有姚晨等文体界明星，也有陈利浩、王利芬等有社会责任感、捐款捐物的企业家，更有大量的传媒人士、作家、学者、以及事故经历者、事发地用户、草根名博等网友。从关注事故现场到追问事故原因、从网上救助到线下动员，"温州动车事故"中微博意见领袖的作用发挥得淋漓尽致，微博作为一个独立的舆论场，在中国的社会生活中扮演着越来越重要的角色，尤其是在公共舆论方面。

（四）个案研究：温州动车事故中的微博意见领袖

突发公共事件是网络舆情形成的导火索，近几年来，我国正处于经济转型的关键期，社会各阶层的利益交错，突发公共事件频发。而网络技术的进步，为公众提供了表达利益诉求的平台，网络意见领袖的作用越来越突显。"7·23甬温线特别重大铁路交通事故"是2011年影响最大的一起重大灾害事故之一，事故造成39人遇难，200多人受伤。微博作为此次事件的首发媒介，在舆论的生成、演化的过程中扮演了重要的作用，其中涌现了大量的意见领袖。因此，本文选择"温州动车事故"为例研究突发公共事件中的微博意见领袖。

1. 微博意见领袖的测量

笔者在综合前人研究的基础上，以"温州动车事故"作为研究的切入点，首先构建识别微博意见领袖的指标，再对筛选出的意见领袖进行分析。在这起事件中，微博意见领袖的筛选标准主要采用了用户影响力、帖子影响力和认同值这三个指标。在确定意见领袖选择标准方面，笔者综合参考了微博被转载量、评论量及微博用户的粉丝数及认同值四个指标作为衡量意见领袖的标准。通过观察我们发现，用户的认同情况与帖子的影响力具有一致性，微博意见的帖子中，很少有帖子是引起了广泛的关注但认同值比较低的情况。粉丝数能够体现微博用户的网络影响力，粉丝数越大，其信息被扩散的可能性越大；而被转载与评论的次数则在一定程度上代表了微博意见领袖所发信息的扩散度和影响力，被转载数和评论数越高，说明其帖子的影响力越大。因此，根据这三个指标初步选出温州动车事故中的微博意见领袖。

通过搜索发现，"温州动车事故"是7月23日发生，发生之日即引起了广泛地讨论，8月1日以后持续走低，至8月6日左右，舆论基本趋于平静。因此本次抽样了自2011年7月23日至8月6日的新浪微博作为总体数据样本。由于微博搜索数目的限制，只能显示前50页的微博内容，这样所抽取的样本是很有限的，因此本文采取了按时间抽样的方式，从7月23日至8月6日，在新浪微博中以"温州动车事故"为关键词，逐日检索转发量超过2000次、评论数超过200条的微博用户，建立参与温州动车事故的活跃分子数据库，再根据其帖子被认同的情况

90

进行筛选，选取了前 200 名微博意见领袖进行分析。借助于新浪微博的实名认证机制，对 200 名微博意见领袖的人口学信息进行统计，包括性别、年龄、职业、所在地等，此外，还统计了微博意见领袖的网络影响力及发布信息的特点，包括是否认证、粉丝数、关注人数、微博数、发布时间、与事故有关的微博数、关注天数、回贴数、发贴内容等。

本文综合运用了 SPSS、Excel 等统计分析软件，采用描述性分析、相关分析等技术，对所统计的变量进行分析，描述微博意见领袖的现状，分析各统计变量之间的相关关系，反映微博意见领袖的特点以及对舆论的影响。

2. 主要研究发现

微博舆论的形成过程。如下图所示，笔者统计了 200 名微博意见领袖的日发帖情况，有关"温州动车事故"的微博舆论在 7 月 23 日，即事故发生当天就开始显现，24 日、25 日持续走高，并于 25 日到达了最高峰值点，26 日以后舆情有所缓解，比较平稳，但仍维持在较高的水平，30 日以后关注量明显减少。据此舆论走势，笔者将"温州动车事故"中的舆论走势分为以下三个阶段。

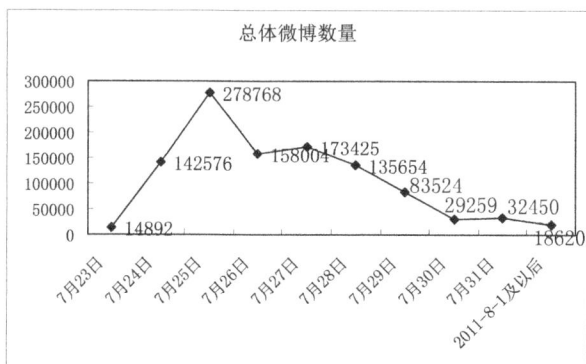

图 6 "温州动车事故"微博意见领袖的发帖情况

第一阶段：舆论酝酿期（7 月 23 日当晚）

"7·23 温州重大事故"发生后，微博成为第一个曝光的媒介。乘客"袁小芫"和微博 ID 为"羊圈圈羊"的网友分别发布了两条求救微博，引来众人围观，尤其是"羊圈圈羊"的求救微博，被转发了111577次，评论24397条（截至2011年10月20日）。通过网友积极的转发、评论，"温州动车事故"引发越来越多人的围观，有关"温州动车事故"的信息迅速扩散。许多网友同时还将这一信息转发给当地的公安机关，请求援助。从当天微博的信息流向来看，信息从事故经历者发出后，先扩散到普通网友，普通网友作为信息接收者作为二次信源，再次将信息发送出去，其中一些媒体、公安机关及相关的救援机构，通过一层一层的转发，"温州动车事故"的信息很快便在微博中流动起来。如网友"不二的汤圆"在得知此消息后，同时还将此微博转发给"平安温州"、"温州铁道"及浙江当地的媒体机构，积极寻求援助，而温州当地的公安部门、卫生部门也很快行动起来，开始组织救援。事故发生2小时后，短时间内就有大量网友前往血站献血，网友"yaoyaosz"将献血现场的情况发到微博上，得到了网友的大量转发。而此后更多的媒体和网络意见领袖也开始介入其中。当天转发量较大的微博意见领袖包括事故当事者"羊圈圈羊"、主持人黄健翔、作家郑渊洁、记者"稻草云"等，从当天介入的意见领袖的身份来看，主要以当事者、媒体人士为主。由此可以看出，突发事件发生初期，意见领袖主要是那些能够提供最新消息的人群。这一阶段舆论的焦点也主要围绕着通报事故、发布紧急求救等消息。在这些微博意见领袖的关注下，"温州动车事故"很快就引起了广泛的关注，为舆论的兴起奠定了基础。

第二阶段：舆论高涨期（7月24日至7月29日）

7月24日即事故发生的次日，现场的搜救工作仍在继续，事故现场的搜索工作牵动着无数网友的心。虽然现场进行了封锁，但网上、网下的围观使这场事故仍毫不掩饰地暴露于公众的视野之中，也暴露出了搜救过程当中出现的一些问题。面对发言人"不管你信不信，反正我信了"的失当言行、动车事故原因不明、赔偿一波三折等诸多问题，公众的负面情绪已不仅仅止于质疑中国高铁技术的层面，更上升到了官员腐败、政府治理的高度，铁道部等中央政府和部分中央媒体等都被置于舆论的漩涡，微博舆论进一步高涨。

从整个舆论的议题流变和关注情况来看，在事故发生的第三天，舆论达到了最高峰值点，网络上也展开了热烈的讨论，民众从质疑、批判到谴责、声讨，言辞较为激烈。7月28日，温家宝亲自到温州事故现场视察，看望并慰问受伤人员，悼念遇难者，他的举动得到了一些网络意见领袖的正面回应，更多的人开始理性看待动车事故，网络舆情有所缓解；对媒体失语的批评也有所减弱，而且出现了大量正面赞扬媒体的报道，网络意见领袖起到不小的作用。

从整个舆论发酵、演变的过程来看，网络意见领袖不断推动着舆情的高涨。在笔者所统计的网络意见领袖样本中，24—29日影响较大的微博意见领袖多达115人，其中影响较大的微博174篇。如远光软件股份有限公司董事长陈利浩，他是一位积极关注该事故的企业家，共发布了3条影响比较大的微博，其中影响最大的一篇微博是他救助事故最后幸存者"小伊伊"的微博。

"向温州市特警支队长邵曳戎致敬！是他反对"把车厢吊起放到地上清理"的指令，他的理由是：'万一里面有生命呢？你怎么交代？!'他坚持在铁轨清理，才有了小伊伊的得救。呼吁支持为邵曳戎记功！本人承诺：凡本微博被转发一次，就捐献一元给小伊伊！"

这条微博最终被转发了950多万次，回复20多万条。

一名微博ID为"yaoyaosz"的浙江当地记者拍下了民众深夜排队献血的照片，图片显示整个大厅都挤满了市民，队伍已经排到了血液中心的门口，这条微博也被转发了十几万次。此外影响较大的微博意见领袖还有文体娱乐明星，如伊能静、赵薇、孟非、黄健翔、模特杜奕霏、导演张洲等人，媒体人士笑蜀、周述恒、五岳散人、章诒和、鲁国平、"天佑中华A"、记者唐平、传媒老王、张斌以及网友张图腾等。与此同时，一些新闻媒体机构如"中国新闻周刊"、新浪网的官方新闻微博

"头条新闻"、"青年时报"的官方微博也都积极发布信息。除此之外，一些浙江当地网民，因地理位置更接近信源，也发布了大量有关事故现场、寻人/救人、民众自发救援等方面的信息，转发和评论量都很高。在这几股力量的共同推动下，"温州动车事故"一度成为新浪微博的热门话题，热度居高不下。

第三阶段：舆论消退期（7月30日－8月6日）

7月30日以后，"温州动车事故"的关注度开始明显下降，微博中影响较大的意见领袖人数也在锐减，只有22人，转发评论量较多的微博仅31篇。网络舆论的焦点也有所转移，不再停留于对事故救援及事故原因的追问，而更多地集中于后续的处理工作，如对遇难者的哀悼，对铁道部、动车专家的谴责以及如何完善相关铁路法律法规的呼吁。其中，一幅由民间的沙画高手所描绘的动车事故过程图影响较大，在微博中广为流传；简方洲一篇纪念遇难司机的博文也被转发了8万多次。

"他才七岁，或许未真正懂得失去父亲的悲痛，当家人让他跪下，呼唤父亲的灵魂和他一起回去时，他那颤抖的哭声和挂在脸上的泪水让人无法不动容。图为动车事故遇难者司机潘一恒的儿子在现场：爸爸，和我一起回家！"

事故最后的幸存者"小伊伊"也牵动着无数网友的心，"小伊伊"的亲人通过微博发布了他的现状，转发、评论量也很高；中国传媒大学为本校遇难的学生陆海天和朱平展开的悼念活动也引起了许多网友和媒体的关注。总体来看，在舆情的消退阶段，主要集中于对事故的反思及后续工作的处理，这一阶段影响较大的微博意见领袖包括法学专家贺卫方、作家郑渊洁、记者简方洲、新浪名博作业本等。

微博意见领袖的结构分析。为了考察突发公共事件中微博意见领袖的身份，笔者对"温州动车事故"中微博意见领袖的职业分布进行了统计，研究发现，在这些影响比较大的微博意见领袖中，媒体从业者占了三成的比重，其中包括报刊杂志的主编、编辑、记者、评论员、专栏作家等。相比其他职业的人，他们具有得天独厚的优势，他们接近信源，媒介素养高，善于运用新媒体，很容易成为脱颖而出的网络意见领袖。如在"温州动车事故"的新闻发布会上，就有"鹏小汤"、"徐晓微博"、"宣武大雷子"、"林野 Valen"、"yaoyaosz"、"浙江之声乐乐"、"buffy徐静"以及"杨迪小同学"等记者通过自己的微博直播发布会现场情况，便于网民第一时间了解现状，这些人的微博都引起了很大的关注。此外其他一些社会公众人物和精英人物，诸如企业家、专家学者、作家、娱乐明星等也积极关注此事，纷纷加入了微博意见领袖的行列，他们不再仅仅是坐拥百万粉丝而不关心公共事件的局外人。

还有一类在微博上表现突出的网络意见领袖是当事者或亲属，以及事发地的普通微博用户，这些微博意见领袖具有很大的信息优势，尤其是在事故的初始阶段，公众对于信息的需求比较强烈，使得这部分人比较容易地成为此次"温州动车事故"中的微博意见领袖，引起巨大反响。如事故当事者"羊圈圈羊"、"宋希希"、"小伊伊"亲属以及遇难者家属"陈峰"等。他们的微博大多转发量、评论量很高，但这类微博意见领袖具有很强的偶然性，并不是稳定的微博意见领袖，但并不排除其以后可能会成为某类事件的意见领袖的可能性。

笔者同时还发现，许多微博意见领袖的身份具有双重性或多重性，尤其是那些实名认证的用户。他们往往并不仅仅具有一种社会身份，而是集多种社会角色于一身，如有的网络意见领袖既是专家，也是评论员；既是作家，也是媒体人；既是商界领袖，也是某领域专家；既是记者，也是作家。这种身份的复合性或多重性产生的叠合效果，更容易增强意见领袖的影响力。

微博意见领袖的显性化程度。微博给每个人都提供了成为意见领袖的可能，但从数量和质量来看，在微博上比较活跃的意见领袖仍以实名认证的传统精英人士为主。据不完全统计，"温州动车事故"中所涌现

出的微博意见领袖的实名认证率高达 73.4%，而未实名认证的仅占
26.6%。其中还包括个别有一定社会身份但并未申请实名认证的个体。
可见，微博意见领袖的主体多是加 V 认证的、具有一定社会身份的公
众人物，微博时期的网络意见领袖正由传统媒体和论坛、博客时代的
"匿名化"或半"匿名化"逐渐走向"实名化"。

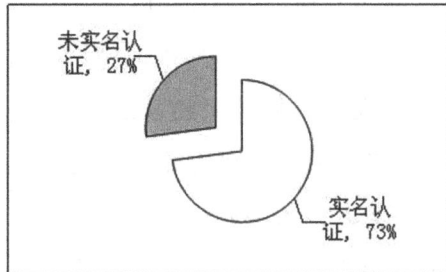

图 7　微博意见领袖认证情况

　　实名认证机制可增强网络意见领袖的说服力，主要体现在以下三个
方面：首先，微博的实名制能够提高信源的可信度、淡化不负责任的过
激言论。网络是匿名的，信息来源鱼龙混杂，真假难辨，而一旦实名后，
发言者的姓名、年龄、职业、甚至所处的社会地位、阶层等社会背景线
索都会显示出来，这些信息公布之后，发言者碍于其身份的限制，会提
高个人对自身言论的约束力，如果随意发布虚假信息或过激的言论，会
直接影响到网民对其个人信誉的评价。其次，实名化降低了意见领袖与
追随者之间进行沟通的成本，有利于发挥意见领袖的光环效应，当网络
意见领袖将自己在现实中的影响力过渡到网络上，粉丝根据其喜好会主
动关注，降低了沟通成本。第三，实名认证机制会放大网络意见领袖的
影响。互联网上聚集着大量的网民，大多彼此不熟悉，这种主要基于
"弱关系"的交往方式，使得异质性的信息流通的速度更快，这更有利于
发挥意见领袖的影响力。只要你为网民所知晓，再提供有价值的信息，
就很容易得到认同，而不必彼此之间有深的交流和交集。

　　微博意见领袖的地域分析。从"温州动车事故"中微博意见领袖所

属的地区来看，北京成为微博意见领袖的主要聚集地，其次为事发地浙江省，上海、广东等大城市和省市紧随其后。北、上、广作为我国的一线大都市，也是我国政治、经济、文化的中心，互联网覆盖度广，人们的媒介素养也比较高，尤其是首都北京，汇聚着各类精英人物，而这类人物与网络上实名认证的意见领袖，在身份上具有很大的重合性与相似性，因此这些大都市也成为微博意见领袖的辈出之地。

其次，由于地域上的接近性，事发地用户更有可能成为网络意见领袖。在此次"温州动车事故"中，浙江省作为事故发生地，就涌现了不少网络意见领袖。首先，这与微博意见领袖信息获得的便利性有关。事发地用户更容易在最短的时间内获知信息，而且其信息的可信性通常会被认为是比较高的。其次，浙江是我国的经济重镇，互联网的普及程度高，民众使用新媒体的意识也比较强，因此在此次事故中，有许多当地的微博用户脱颖而出成为网络意见领袖。此外，微博上的有许多用户通过标识自己的个人资料来增加信源可信性。以"浙江××"命名的微博用户所发的信息更容易得到网友的认可，虽然真实的情况是否如此并不可知，但当被冠以"事发地"的信息后，会提高微博的关注量。最后，这与本地居民的地域归属感有关，本地居民在感情上或心理上，具有共同的地域观念，因此，当地的网络意见领袖会更加关心此事，更积极地介入。

另外，海外或中国驻外的微博意见领袖也积极参与，在这些国家中，主要以日本和美国为主。如日本东海大学教授叶千荣、斯坦福战略中心合伙人克里斯托夫·金，海外资深媒体人士"子弹一枚"、凤凰卫视驻日本记者李淼等，这一点需引起国家有关部门的重视。他们主要关注的是"温州动车事故"与国外同类重大事故的对比，包括动车的技术缺陷、事故现场的处理措施、各国媒体的不同立场等，极易影响网络舆论走向。

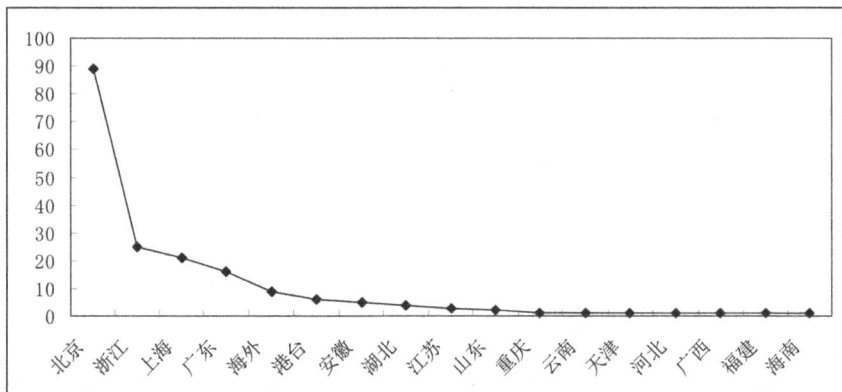

图 8　微博意见领袖的地区分布

　　微博意见领袖的粉丝数量分析。如上所述，粉丝数的多少能够在一定程度上反映意见领袖的网络身份影响力，但本研究发现，粉丝数与转发数和评论数等反映帖子影响力的指标之间并不存在显著的相关关系，粉丝数与评论量之间的相关系数为－.005，粉丝数与转发量之间的相关系数为－.065，相关关系很弱。为了进一步探究网络意见领袖的身份影响力与博文影响力之间的关系，我们还对样本中微博意见领袖的粉丝数进行了归类、统计。如下图可见，在"温州动车事故"中影响比较大的微博意见领袖的粉丝数主要集中于 10000 － 100000 之间，占 38％；100000－1000000 粉丝数的微博意见领袖占 20％；粉丝数在 1000000 以上的意见领袖占 12％；粉丝数在 1000－10000 的占 25％；而 1000 以下的更少，仅占 6％。如图所示，粉丝数量大小与意见领袖的数量之间呈一种"倒 U 型"关系，在粉丝数量达到 10000－100000 前，成为意见领袖的可能性随着粉丝数量的增加而增加，即粉丝数越多，其博文被转发或评论的可能性越大，围观的人越多；而粉丝达到某一临界值后，这种正相关关系便不存在了，甚至出现了负相关的倾向，因为一方面由于粉丝数越多的人在整个微博用户中所占的比例会越少，这部分意见领袖的数量不可能按比例增加，另一方面，粉丝数大的人并不一定是意见领袖，他们可能并不关注这一类的公共事件。可见，粉丝数量大小，并不是决定微博意见领袖影响力的关键因素，但具有一定规模的粉丝数，可提高成为意见领袖的概率。

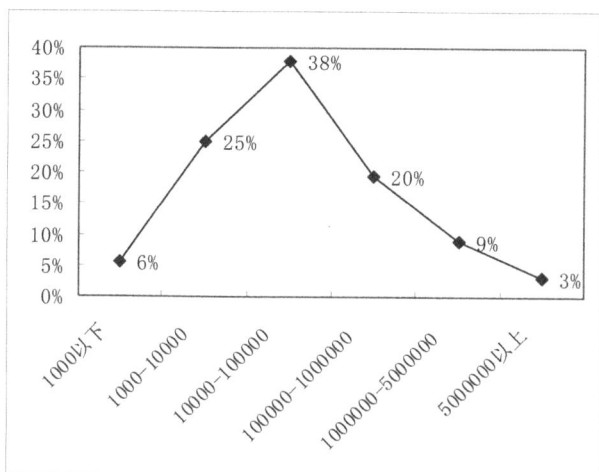

图 9 微博意见领袖粉丝数量的分布

微博意见领袖与追随者之间的非对称性关系。粉丝数能够反映微博意见领袖的网络身份影响力，而微博意见领袖关注人数的多少则反映了意见领袖与追随者之间的互动关系，同时也能反映微博意见领袖搜寻信息的动机，关注人数越多，说明微博意见领袖搜寻相关信息的动机越强烈。研究发现，微博意见领袖的粉丝数与关注人数之间呈一种显著的负相关关系，r＝－.364，p＝.000＜.001，相关关系非常显著。即粉丝越多的微博意见领袖，关注的人数越少。可见微博意见领袖与追随者之间是一种非对称性的领导—追随模式，少量的微博意见领袖聚集着为数众多的粉丝，粉丝数越多的微博意见领袖，其搜索信息的动机越弱，他们只倾向于关注少量圈内同行、朋友及影响较大的公众人物。而粉丝数较少的用户，其关注的人数倾向于更多，他们搜索信息的动机更强烈一些。这种主要基于"弱关系"的关注行为，会使他们更容易获得不同类型的人所发布的信息，因而其掌握的信息量相对丰富一些。

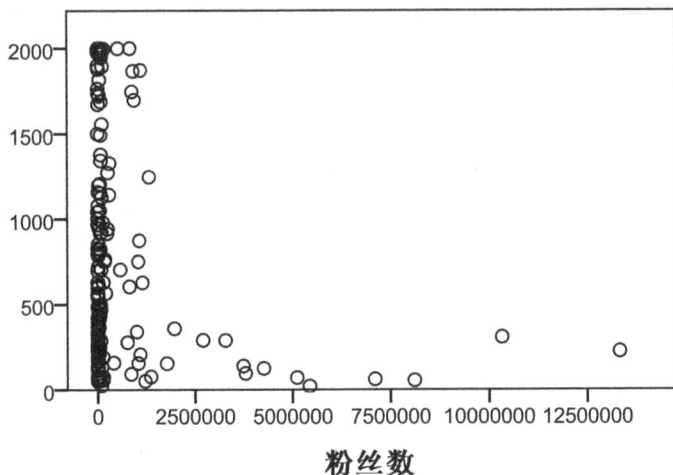

图 10　微博意见领袖粉丝数与关注数之间的相关

　　微博意见领袖与追随者之间的互动关系。网络意见领袖影响力的重要衡量标准就是"围观人数"的多少，"围观"这种行为的操作化标准就是信息被大量转发和评论。在我们所统计的这些转发量、评论量都很高的微博中发现，微博意见领袖与其追随者之间的互动（微博意见领袖的回贴数）并不频繁。发贴后未进行回复的比例非常高，占67.6%，即半数以上的意见领袖都未对评论者进行回复。回复数为1条的比例占17.8%，回复数为2条至5条的比例不足一成，而回复在5条以上者仅占5.4%。可见，微博意见领袖与追随者之间的互动性行为很少，两者之间是一种"弱交互"关系。

　　大量的转发和评论只是把信息传播、扩散出去，并没有进行有效的反馈与交流。可见，微博意见领袖发挥功能的主要方式，并非与追随者进行沟通对话，而更多地是依靠传播有价值的信息来完成的，而这恰恰迎合了网络虚拟世界的"弱关系"理论。基于"弱关系"的社会关系网络，并不要求成员之间有紧密的联系，组成者之间异质性较强，信息传播经过较长的社会距离，能够快速地流动起来。只要具有一定的知名度，传播的信息有价值，就容易形成转发、围观。

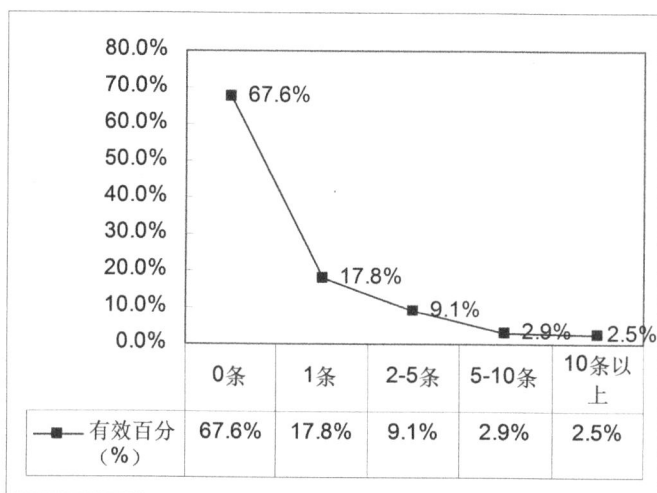

图 11　微博意见领袖的回贴数分布

　　微博意见领袖与传统媒体之间的关系。从微博意见领袖发布帖子的信息来源来看，传统媒体仍是微博意见领袖的重要新闻源。通过对"温州动车事故"中微博意见领袖所掌握的信息来源进行统计，发现主要分为三类：主贴、转载媒体和转载他人（包括非新闻机构和个人的微博）。其中，转载媒体的比例占 48%，居首位；微博意见领袖个人的原创贴占 44%；转载他人（非新闻机构和个人）的比例仅占 8%。即微博意见领袖获取信息的渠道中，传统媒体仍是重要的信息来源。

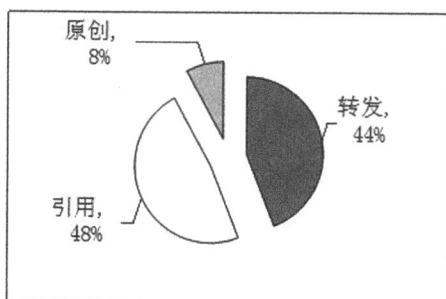

图 12　微博意见领袖的信息来源分布

　　笔者还对微博意见领袖中普通网民提供的信息和专业媒体机构或媒体人发布的信息进行了比较，发现草根微博意见领袖所提供的信息时效性较强，但关注度和影响力持续时间都比较短，后劲不足。"温州动车事故"中，第一时间进行微博直播的大多是占有信息优势普通网友，此时网民对于事故现场信息的需求比较强烈，使得他们脱颖而出成为网络上的意见领袖，他们大多在事故发生几分钟后就介入，但关注天数大多只有三四天左右，日最高发贴数不超过 10 条。而此次事故中表现突出的传统媒体，如财新网和头条新闻的微博，关注天数均在 10 天以上，日发贴数最高可达上百条，关注度和影响力持续时间均高于草根微博。可见，传统媒体的专业性、权威度在微博空间中并没有消解，仍被意见领袖认为是可靠的信源，而纯粹由网民个人提供、且被微博意见领袖引用的信息在整个舆论空间中只占少数，且主要集中于事故发生后的当天或 1－2 天。

由此可以看出，传统媒体在微博时代虽然已不可能完全垄断信源，但媒体自身的专业性、权威性、真实性和影响力仍得到微博意见领袖的广泛认可，传统媒体仍发挥着重要的信源功能，微博意见领袖尚没有摆脱对传统媒体的依赖。但值得指出的是，微博意见领袖个人的原创帖同样也很重要，除了引用传统媒体的报道，微博意见领袖也发布了大量原创的信息，通过这些主帖发表观点、表明态度，提出建议，影响网络舆论走势，媒体的舆论引导功能在一定程度上被解构，微博意见领袖自身的言论很容易直接或间接成为公众或媒体关注的焦点，起到为媒体反设置议程的作用。

微博意见领袖影响力的持续性分析。微博意见领袖在一起突发公共事件中的作用会持续多久，受到许多因素的影响，如事件性质、处理难度、议题扩散的程度等，如一些司法类舆情处理难度大、审判周期长，其持续的时间会相对长一点。在"温州动车事故"这起重大的社会安全事件中，笔者统计了影响较大的前 200 位微博意见领袖每天发布微博的情况，发现大部分的意见领袖是在事故发生后的 4 天内较活跃。发生当天即 7 月 23 日至 26 日的 3 天内，介入的微博意见领袖多达 127 人，转载量较大的微博也较多；7 月 24 日当天发布的微博占意见领袖发布微博总数的 25.3％；自 24 日以后意见领袖所发布的有影响力的博文数逐渐衰减，但下降幅度较为平缓；而至 7 月 31 日，即事故发生的第 9 天，微博意见领袖所发布的影响较大的微博数仅占总数的 3.1％；而 8 月 1 日以后这个比例更小，这起事故也逐渐走出了公众的视野，并没有引起大范围的讨论。可见，微博意见领袖发挥影响力的时间并非持续性的，而是短暂的，有高潮、有低谷，主要集中于舆论的形成期和高涨期，而舆论衰退期后介入事件的微博意见领袖，其影响力很小，很难再次形成在新的讨论。

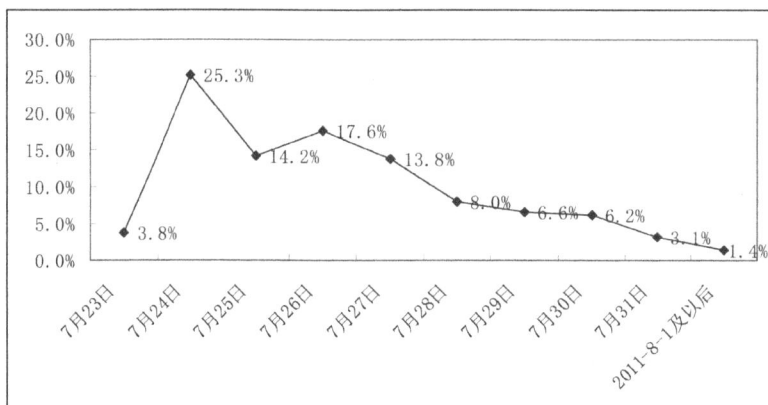

图 13　微博关注情况

3. "温州动车事故"中微博意见领袖的形成因素分析

粉丝数量。粉丝数的多少在一定程度上代表了意见领袖的网络影响力。通过对"温州动车事故"中 200 名微博意见领袖的粉丝数量级的统计，粉丝数在 100000 以下意见领袖数随着粉丝量的增多，两者之间呈正相关关系，即粉丝数越大，成为意见领袖的可能性越大。但从整体上来看，粉丝数与转发量或评论量之间并不存在显著的相关关系，即粉丝数量大小并非是成为微博意见领袖的必要条件。粉丝量虽不能决定意见领袖影响力的大小，但具有一定量的粉丝，会增加成为微博意见领袖的可能性。

添加社会身份标签。从我们所统计的"温州动车事故"中的微博意见领袖的社会身份来看，大部分是加 V 认证的用户，而一些未加 V 的用户标签也具有一定的社会身份，如记者、媒体从业人员、作家或草根名博，只有少量的完全匿名的网友成为这起事件中的微博意见领袖，其中主要是一些事故经历者和事发地用户。社会身份标签与意见领袖之间存在一定的关系，当人们在选择信息时，对认证用户或带有一定社会身份标签的用户会比普通用户的信任感更加强烈一些；其次，加 V 认证有利于增强网络意见领袖的专业性，在分析问题时人们一般倾向于相信该领域内专家的言论，特别是对于一些复杂的专业性问题，如动车事故中对于故事原因的分析涉及动车技术等专业术语，普通网民很难了解这类比较专业化的知识，专家型意见领袖的言论对于舆论有着重要的导向作用；第三，微博的社会身份标签，有利于将现实社会关系延伸到网络上。一些企业家、作家，在现实社会中已具有一定的知名度，微博认证后很自然地将现实影响力延伸到网络上，自动带来一些追随者对其主动关注。

掌握有价值的信息。在我们的研究中还发现，还有一类微博意见领袖，粉丝量不多、没有加 V 认证、也没有任何社会身份，是纯粹的草根型意见领袖，然而，这类意见领袖人数虽然不多，但其影响很大，每每导致上万甚至数十万的转发。原因在于，在事故发生的初期，民众对于各类信息的需求比较强烈，而其发布的信息既有时效性，同时又是网友关注的热点问题，如有关事件的最新进展或内幕消息等，自然会引起大量网民的关注、转发，站在第一信源的至高点很容易使其攫取大量关注，如网友"yaoyaosz"在第一时间就将献血民众的照片传到微博中，引起了十几万网友的转发。Nile 认为人们并非出于完全喜爱或者社会亲近性选择关注某一意见领袖，能否提供有用的信息亦很重要[①]。

提供有价值的观点。信息的时效性很重要，但观点的价值性亦非常

---

① Niles，R．. So why aren't you Twittering yet? OJR. Knight Digital Media Center，2009 年 1 月 9 日，，http：//www. ojr. org/ojr/people/robert/200901/1616.

重要。从微博意见领袖的回贴量来看，虽然意见领袖的微博被转载或评论的次数很多，但一般而言，意见领袖与回复者进行沟通对话的非常少，这正是网络"弱关系"的特点所在。微博意见领袖与网民之间不是一个基于"强关系"的社会交往结构。在"强关系"的社会网络中，各社会成员之间依靠较深层次的交流、接触，彼此争论、说服对方，而"弱关系"的社会网络更容易吸聚一群具有相同价值观的接收者，而接收者也更容易选择接收与其价值观相近的人，因此意见领袖能提供有价值的观点，且符合大部分网民的价值观，就很容易形成大规模的转发。

（五）小结：微博意见领袖的特点

1. 碎片化

碎片化首先体现在微博的内容上。中文微博的内容被限制为 140 个汉字，这种微小的形式降低了个体发布微博的门槛。与博客意见领袖不同，微博意见领袖不需要长篇大论，这给许多没有时间写作的意见领袖提供了方便。如童话大王郑渊洁、学者于建嵘、记者邓飞，这些意见领袖都是因微博而成名的。邓飞在"宜黄拆迁自焚事件"、"湖南常德抢尸案"、"智障包身工"事件中都很好地利用了微博这个平台进行直播，引起网民的广泛关注。他认为，微博拓宽了中国网民的言论空间，在传统媒体上被视为禁忌的事情，在微博上被你一句我一句说来说去之后，一件敏感的事情逐渐退去敏感性，言论自由的空间由此在一点点扩张。

另外，微博这种"微小"的发布方式也拓宽了微博意见领袖的范围，为那些能够很好地适应"微言微语"这种发布方式的人提供了成为微博意见领袖的空间，许多不知名的微博客用户借此成为微博中的重要意见领袖。同时由于这样的人出身草根，在网民心中已被标签化为草根、弱势群体的代言人，言论的支持率很高。这种草根型意见领袖一旦获得网民的垂青之后，其社会影响力被不断放大。但如"作业本"在成为草根意见领袖之后，出现了滥用话语权的问题，他凭借自身的大 V 身份，发表一些不负责任的言论，引起不良的社会反响。对这类网络大

V，国家应出台相关规定，规范管理网络环境。

2. 显性化

纵观网络意见领袖的兴起过程，许多在网络上脱颖而出的意见领袖最初主要活跃在社区论坛，他们多为一些熟悉互联网、热心公共事业的年轻网民，经过多年在各论坛、社区中的打拼，具有了一定的知名度，他们大多以"匿名潜水"的形式存在，鲜有意见领袖公开个人真实信息的情况。匿名性也使得网络意见领袖大多具有不稳定性，帖子或博文内容的真实性很难得到保障。只有经过多年的信誉积累才能有一定的知名度和影响力。2004－2008年，博客发展热潮中涌现出大量的网络意见领袖，他们积极参与公共事件、影响公共舆论。其中，部分网络意见领袖公开个人信息，或本身即是在现实社会中关注度颇高的公众人物，网络意见领袖逐渐开始以真实身份影响舆论。2009年至今，随着微博、SNS社区、手机等新媒体实名认证功能的推广，越来越多的网络意见领袖在网上积极公开个人真实信息，包括姓名、职业、年龄、籍贯、民族、职业、兴趣爱好、住址、政治倾向……甚至个人隐私等。网络意见领袖的"实名化"，提高了其作为信源的可信度，增强了发布信息的真实性，提升了其观点与言论的说服力，网络意见领袖在中国社会舆论中的影响力增大。

3. 跨界化

传统的意见领袖理论认为，意见领袖具有一定的专业性，他们大多活跃于某一个专业领域或者与之相关的几个领域内，而微博意见领袖却表现出了明显的跨界的特点，他们除了针对自己的专业领域发言之外，还介入到专业领域之外的其他领域，尤其是一些娱乐明星、媒体从业者。在"温州动车事故"中，除了包括传统的媒体人士外，各行各业的名人、精英都参与进来，包括企业家、娱乐明星、专家学者、政府官员，还有普通网民，意见领袖的跨界化趋势越来越明显，越来越多的人开始关注社会公共生活，意见领袖群体也在不断扩大。

4. 移动化

近两年，随着网民规模的逐年攀升，手机网民增长迅速，截至2012年12月底，我国手机网民规模已达4.2亿，手机微博用户已突破2亿，移动化已成为互联网的发展趋势。微博与手机移动终端的捆绑，主要体现在微博的发布方式上，微博客可以通过手机等移动通讯设备访问、发布、更新。通过手机，用户可以随时随地将自己的所见拍下来上传至微博，微博传播的时空限制被进一步压缩，时效性明显提升。比如"温州动车事故"中，第一条消息就是通过手机发布的。乘客"袁小芜"和"羊圈圈羊"都在第一时间发布了求助微博，正是这两条微博，才使"温州动车事故"第一时间就在微博中引起了广泛的关注，这种实时性的传播比传统媒体的时效性更强，在一些重大、突发公共事件中发挥了重要的作用。再如于建嵘教授等人发起的"随手拍"活动，也有效地利用了微博与手机移动设备的捆绑功能。不仅如此，笔者对新浪微博热门微博的统计来看，微博的移动化带动着微博意见领袖的移动化。通过对新浪微博2013年1月1日至31日期间内排行在前20的热门微博的发布方式进行了统计，发现通过手机等移动客户端发布微博的比例最高，占46.9%，接近一半。其次是通过新浪微博本身发布的微博，占43.5%，通过与其他网站捆绑发布微博的比例占5%，通过各种应用管理网站发布微博占4.5%。微博的移动化传播丰富了微博新闻的构成，推动了公民新闻实践的发展。

表4　新浪每日热门微博用户发布终端

	频数（％）	百分比（％）	有效百分比（％）	累积百分比（％）
新浪微博	182	43.5	43.5	43.5
移动客户端	196	46.9	46.9	90.4
APP	19	4.5	4.5	95.0
其他网站	21	5.0	5.0	100.0
Total	418	100.0	100.0	

四、微信意见领袖

（一）微信意见领袖的研究

微信是 2013 年以后逐渐兴起的一种网络应用，由腾讯开发，由于腾讯自身巨大的用户规模，使其在开发之初就迅速爆红。虽然不过短短几年的时间，但关于微信的研究很多，而关于微信意见领袖的研究却并不多见，黄益方以四川大学学生微信的使用情况为例，分析了创新扩散中的意见领袖，认为意见领袖在微信的传播、推广中发挥了重要作用[①]。陈雪奇，刘敏认为由于资本分布不均匀，微信中依然存在着意见领袖，意见领袖既存在于微信朋友圈，也存在于微信订阅号中[②]。肖珉则重点分析了微信个人订阅号下自媒体意见领袖的缺陷[③]。耿云霄认为，微信在虚拟情境下搭建的表演舞台为意见领袖在多元化的人际关系类型链中不同的自我呈现方式提供了可能性，实现了意见领袖现实 个体与虚拟自我的适应与调节。还有人从商业营销的领域研究微信意见领袖对品牌的影响，如中国传媒大学经济与管理学院的范晓明采用实证分析法研究了微信营销对品牌关系质量的影响，研究发现，品牌意见领袖微信内容质量正向显著影响品牌关系质量，品牌意见领袖微信活跃度正向显著影响品牌关系质量，品牌意见领袖与粉丝的互动正向显著影响品牌关系质量。

（二）微信意见领袖的特点

2013 年，为了净化网络空间，我国出台了互联网管理相关规定，网络意见领袖出现了一些新的特点。

---

① 黄益方.创新扩散中的意见领袖——以四川大学学生微信使用情况为例.新闻世界.2014（8）：254

② 陈雪奇，刘敏.微信场域中的意见领袖.当代传播，2015（3）：63

③ 肖珉.从微信个人"订阅号"看自媒体意见领袖缺陷及应对.编辑学刊.2015（3）：101

1. 总体活跃度下降，群体构成更多元

随着国家加强对微博等互联网传播平台和网络自媒体的规范管理，"秦火火"、"薛蛮子"、"立二拆四"等一批造谣、传谣的网络大 V 的非法活动被依法打击，网络意见领袖发言更趋谨慎，总体活跃度下降，表现在：原创帖文减少，帖文平均传播率降低，参与的公共事件明显减少。在 2015 年发生的大多数热点事件中很少有大 V 言论给人留下深刻印象的，也几乎没有哪个网络意见领袖能直接掀起一场舆论风波，或者直接干预事件走向和舆论走向，经常占据话题榜首的网络意见领袖多为娱乐明星，但绝大多数人都未介入公共事件。在这种多主体共存的网络舆论格局中，来自主流的声音明显增强。2015 年主流媒体明显加大了宣传党的重要领导人活动以及党的重大决策部署的力量。"周小平"、"花千芳"、"点子正"、"不沉默的大多数"等也在一系列事件中频频发声，在网络舆论场中起到了激浊扬清、明辨是非的作用，并为自身赢得了一定的影响力。

2. "广场式"沸议减少，"沙龙式"对话增多

随着移动终端的兴起，微博、微信、移动 APP 等网络社群崛起，"两微一端"成为社会热点事件曝光和发酵的主要信源，深刻影响了中国的舆论场，尤其是微信的好友确认功能，能将不相关、不想见、不认同的人排除在外，构成一个与现实社交高度正相关的相对封闭的网络圈群。"广场式"的沸议减少，"沙龙式"的对话增多。网络意见领袖言论的传播速度和广度下降，但点赞数占阅读数的比率较高，网络意见领袖影响力仍在，只是被新的网络社交场景切割，影响力被进一步细分。不同于广场式的沸议，"沙龙式"对话使意见表达更加隐蔽。

3. 传播手段多样，活动方式多元

新媒体不断涌现的同时，传统的论坛、贴吧也并没有失去生命力。2016 年伊始，著名的"'帝吧'征战 Facebook 事件"就展示了传统贴吧强大的人气和动员能力。像论坛、贴吧这类公共性网络平台人数众

多、网民粘合力强，舆论一致性高，很容易扩散事件影响力；而微博、微信等半封闭式网络社群，彼此之间更容易产生亲近的好感与认同感，更易于精准传播和有效动员。由此可见，不论是新媒体还是老媒体，网络意见领袖活跃的平台更多，传播手段更多样、活动方式更多元。当前新一代网络意见领袖的活动形式呈现出由单一的线上发声到多平台联动的发展趋势，如高晓松、罗昌平、罗振宇等人，他们的平台既有传统的视频网站等公共类平台，也有微博、微信等半封闭或封闭式的网络社群，影响力很大。再如吴晓波的自媒体公众号"吴晓波频道"，不光通过微信自媒体平台提供网络产品，还定期组织各地书友开展阅读、创业、理财、旅行、运动等线下活动，具有很强的社会动员能力。而杨恒均建立的"羊群"微信群，开设公司、组织线下研讨会、召集聚餐，已形成较大规模的半实体组织。这些都体现了当前网络意见领袖活动与动员的新特点。随着网络意见领袖传播效果和动员能力的增强，网络意见领袖影响力已不仅仅局限在网上，更多地开始向线下渗透。

4. 网络意见领袖呈团队化、组织化、规模化趋势

不少网络意见领袖早已脱离了单打独斗的草根状态，背后都有专门的团队在运作。比如罗永浩及其锤子团队，不少微博、公知、调查记者圈的大佬也加入其中。罗振宇的微信公众号"罗辑思维"可谓是传统媒体人转型的正面教材，他利用微信平台做粉丝俱乐部，发展线上线下经济，实际上是公司运作的模式。而拥有 2100 万用户数的"李毅吧"在"出征 FB 事件"中也显示出了极强的组织动员能力，吧友的行动高度一致，一个总群，下设 6 支分队，有人负责设计图片，有人负责制作表情包，有人能够进行外语翻译，还有不少海外时差党参与其中①，组织严密，分工和部署明确，有很强的纪律性。这些公众号和社群越来越像

---

① 帝吧出征 fb 表情包大战升级，千万大陆网友翻墙占领脸书［EB/OL］. 搜狐网，2016 年 1 月 20 日，http：//mt.sohu.com/20160120/n435260101.shtml，2016－1－20

一家媒体机构，团队化、组织化、规模化程度越来越高。

五、网络意见领袖的历史变迁

从互联网媒介变迁的角度看网络意见领袖的发展过程，网络意见领袖经历了从单元走向多元、从匿名走向实名、从非主流到主流、从无序参与到有序管理的过程。网络意见领袖与现实之间的勾联越来越多，对现实社会的影响也越来越大。虽然网络意见领袖仅有很短暂的历史，目前也仍处于不断变化、发展的过程中，还没有形成比较成熟、稳定的作用机制，但笔者综合前面的内容，归纳总结了网络意见领袖在这种变迁的过程中所呈现的规律性的变化，主要包括以下几点。

（一）网络意见领袖从单元走向多元

网络意见领袖发声的平台从 BBS、论坛、博客到微博、微信，其群体越来越多元化。在论坛时代，网络意见领袖主要是那些具有技术优势、网络管理优势（如版主）以及一些关心时事、具有强烈的社会责任感的网络写手，如网友"老榕"、"北京厨子"、"水婴"、"云淡水暖"、"一马青尘"等优秀的版主和写手。他们当中有些人是凭借技术优势获得了"把关人"的功能，有一些人是在匿名化论坛交流的过程中，凭借自己观点的影响力、说服与雄辩能力以及相当的活跃度赢得了网友的认同，成为意见领袖，但能在公共事件中发言并引起广泛认同者并不多见。

而到了博客时代，网络意见领袖的群体构成发生了一些变化，在公共事件中影响比较大的意见领袖除了论坛时代仍有一定影响力的网络意见领袖外，更多的是一些媒体工作者、专家学者、作家、行业精英，甚至一些政府官员，如韩寒、五岳散人、王克勤、潘石屹等越来越多地介入网络公共事件。博客是一个比较专业化的个人平台，需要具备一定的写作能力，而微博的短小、精悍则进一步降低了发布门槛，各行各业的

"名人"都涌入进了微博这个公共性更强的平台，网络意见领袖的群体更加多元化。与此同时，网络意见领袖的活跃度也更强，主要表现在，在一起公共事件中发声的意见领袖越来越多，而不像论坛、博客时代的网络意见领袖那样，在一起公共事件中参与的意见领袖仅有几个人。像"温州动车事故"、"钱云会案"、"药家鑫案"等影响比较大的事件，参与的人就更多，他们既可能是专家学者、媒体人士、商界精英，也可能仅仅是纯粹的草根阶层，网络意见领袖进入一种"众声喧哗"的状态。微博意见领袖的扩大化也带来了网络参与的无序化、非理性，部分大 V "浑水摸鱼"，混淆视听，经过规范管理之后，微信时代的网络意见领袖发言相对更加谨慎、理性，总体活跃度下降，但意见领袖的群体构成更为多元。

（二）网络意见领袖由不稳定到相对稳定

网络意见领袖从匿名到部分实名的过程，其影响力的稳定度也在不断提高。论坛时期的网络意见领袖大多以匿名形式存在，用户彼此之间的交流均通过网络上的 ID 进行，发乎于网络而止于网络。网络用户的稳定性不高，同一个用户可以注册多个马甲，以不同的身份存在，用户之间的流动性很大，因此论坛意见领袖很不稳定。但随着网络之间的交往愈加频繁，原本疏离的、零散的匿名论坛逐渐发展成为稳定的社区，网络用户之间的稳定度也在提高，一旦一些网络上的匿名 ID 在社区里累积起一定的影响力后，就逐渐变得比较稳定，如"强国论坛"网友"数学"，从 1999 年注册之后，一直在用"数学"这个网名，多次被评为"十大网友"，他的 ID 也逐渐为网友所熟悉，在虚拟的空间中，其身份也具有了一定的稳定度。

博客时期的用户，除了匿名的草根用户外，一大批社会名流纷纷开通博客，匿名的草根型意见领袖的发展与论坛意见领袖的发展轨迹基本相似，但许多草根意见领袖的博客影响力比较不稳定，影响力主要集中在某一起社会热点事件。这类用户当通过参与多起事件，逐渐获得网友的认同后，其网络身份就变得越来越稳定，最终形成比较稳定的博客意见领袖。另一方面，那些本身就有一定名气的公众人物开通博客之后，往往能引发网友的大量关注，他们介入公共事件、成为网络意见领袖的成本更低，稳定性也比较强。

微博时代，网络意见领袖呈爆发之势，实名认证机制使一大批社会名人成为微博上的风云人物，微博意见领袖的门槛进一步放低，论坛、博客时代本身已具备一定稳定性的网络意见领袖也能在微博中找到属于自己的一席之地，将他们在其他媒介平台的影响力直接迁移到微博的平台上。这使得微博意见领袖的稳定度进一步提高。同时这些在网络上或现实生活中就已具备一定社会身份的网民，进入互联网这个平台之后，其网络身份也具有一定的稳定度。随着实名化程度的提高，网络意见领袖的身份也越来越稳定。

继微博意见领袖的爆发之后，微信等移动互联网时代的网络意见领袖进入一个深度调整期，意见领袖圈群化特质更为突出，移动终端的使用极大地增强了用户的真实性、地域性，以往模糊意见领袖的社会性在移动媒体上得到更多的表达。

（三）网络意见领袖由非主流到主流

"主流"与"非主流"是两个相对的概念，这两个概念最初主要用于文化上，后经广泛使用渐渐衍生出其他的意义。"主流"主要是指能被大众所广泛接受的，认为是正常的事物、思想、行为、人群等，"非主流"则指小众的、被边缘化的。"主流"与"非主流"之间有时也没有严格的区分，一种社会身份或事物在一定的社会情境下属于"主流"，而在另一种社会情境下可能是"非主流"的。本文所指的网络意见领袖的"主流化"是指网络意见领袖被认识与接受的程度。网络意见领袖从产生、显现到崛起，经历了从"非主流"到"主流化"的蜕变。

从 BBS、论坛开始，最初在网络上比较活跃的人比较少，他们大多为具有一定文化素质和爱国热情的年轻人，当时比较有影响的网络用户虽然都是匿名的，但那时的网络圈子很小，彼此的"大名"相互都有听说，相互之间"拍砖"、"挑衅"的事时有发生。随着BBS、论坛的商业化，一大批网络论坛纷纷成立，尤其是以"强国论坛"为代表的时政论坛开启了全民网络议政的先河，网络意见领袖更加关注时事、社会热点事件，涌现了一批有名的网络写手、版主。

2003年和2008年对于中国互联网以及网络意见领袖来说是两个重要的拐点，网络意见领袖从附着于传统媒体到逐渐走向网络舆论监督的前台，其影响力越来越显性化，并逐渐进入主流媒体的视野。2008年6月，胡锦涛到人民日报社视察工作，并通过人民网"强国论坛"同网友在线交流，同年《瞭望》新闻周刊发表文章《网络意见领袖的作用显性化》，网络意见领袖的地位被充分肯定，成为推动公共话语权及民主社会建设的重要力量。

而随着博客、微博以及微信的崛起，网络意见领袖的身份不再是匿名的、变幻莫测的网民，更多的是具有一定社会身份的人，不同领域的意见领袖山头林立，其中包含了大量的媒体工作者、行业精英、专家学者、作家、政府机构工作人员以及草根阶层，网络意见领袖的群体越来越庞大，成为影响中国公共生活的重要力量。

（四）网络意见领袖从无序走向有序

随着互联网的普及化，网络对人类社会生活的渗透已变得无所不在，互联网成为人们获取资讯的重要平台，也是讨论公共生活的重要空间，网络已不再只是一个虚拟的社区，而是人类社会生活的重要场域。基于此，网络空间的治理要与社会治理并重，互联网不是"法外之地"，在匿名化的论坛时代、半实名化的博客时代以及实名化的微博时代，人们传递虚假消息、发表不实言论的成本极低，一些网络推手、网络大V，为赚取关注度获取经济利益，蓄意炮制网络热点、散布不实消息，一些网络乱象已严重扰乱社会公共生活，此时的互联网管理已不能依靠网民的自治，而是需要依法管理。纵观这几年的互联网管理，舆论管理的口子不断收紧，与此同时，网络舆论环境也得到了明显的净化，网络意见领袖在经历了这次大清洗之后，从最初地无序、无章，已经逐渐走向有序，循规，活跃度虽有所下降，但发言更为谨慎，群体构成更为多元，网络讨论更趋理性。

六、网络意见领袖关注点的变化

随着网民规模的逐年增长，网民结构有所变化。特别是在 2001 年以后，网民中高中及高中以下学历的人数增长迅速。而随着互联网技术的成熟，上网成本降低，低学历者与高学历者之间的数字鸿沟正在逐渐缩小。2001 年以后高中以下学历的网民上升明显，从 2000 年的 2.54%跃升到 2001 年的 8.7%，2002 年则上升到 11.5%，此后每年基本都会上涨一个百分点，高中或中专学历者从 2002 年以后基本保持在 30%左右。从整体网民的学历结构来看，互联网不再是被精英完全把持的平台。一种议题想要在互联网中扩散、传播，首先要能引起网民的兴趣，迎合网民的价值观，网民结构的这种变动也使得网络意见领袖关注的焦点也有所变化。

2000 年前后，网络意见领袖讨论的议题主要是国际上的重大事件，我国著名的时政性论坛——"强国论坛"成立的初衷，就是为了抗议北约轰炸我国驻南斯拉夫大使馆；"中美撞机事件"后，中国网民也积极关注事件进展，发表评论；"9·11 恐怖袭击事件"发生后，"强国论坛"成为重要的信源。

2003 年，意见领袖把视角更多地转向国内，"刘涌案"、"黄静案"、"孙志刚事件"以及"黑龙江宝马撞人案"等一系列法律刑事案件，在传统媒体和网络舆论的推动下，由一起刑事案件发展成了一起公共事件，叩响了国内舆论监督的大门。2003 年不仅是舆论监督年，也是司法监督年，这几起刑事案件暴露了司法不公正、暴力执法等问题，并在一定程度上推动了中国司法改革的进程。

2007 年民生类议题得到广泛关注，"华南虎照事件"、"重庆最牛钉子户事件"、"厦门 PX 项目事件"、"森马广告风波"等有关国计民生的议题得到重视。博客作为重要的传播媒介使博客意见领袖个人的作用更为突出。

2008 年对于中国而言是比较重要的一年，成功"举办奥运会"和"汶川地震"这两个大的公共事件加强了民族之间的凝聚力。当西方媒体在西藏问题上片面报道时、当奥运火炬在法国传递受阻时，由网络意见领袖发起的反对 CNN、抵制家乐福等行动很快得到了网民的响应。在"汶川大地震"的救灾行动中，许多网络意见领袖通过门户网站、博客、传统媒体等渠道发布救灾信息、组织救援、号召捐款，网络意见领袖所介入的社会议题得到了政府的鼓励或默许，网络的贡献得到了表彰。

2008 年－2009 年，网络意见领袖更多地介入政府公共治理领域。如"杨佳袭警案"、"上海钓鱼执法"、"邓玉娇案"、"胡斌飚车案"、"徐汇区委书记董锋落马"等事件都将地方政府推到了网络舆论的风口浪尖，一时之间，网络被公认为舆论监督的利器。中央也充分认识到了互联网和网络意见领袖的作用。

2010 年是微博发展的元年，微博出现了井喷式的增长。微博的实名认证机制使越来越多的网络意见领袖走到前台。微博为中国社会不同群体、不同处境及不同立场的人提供了一个便于沟通的平台，使得任何进入公共生活的个体都无法忽视它。从网络意见领袖所参与的公共事件的数量来看，2010 年以后有了很大的增长。意见领袖更容易利用自身影响汇聚民意，持有相同观点的人更容易聚合起来。如在"宜黄拆迁自焚事件"、"上海大火事件"、"温州动车事故"、"浙江乐清事件"等一系列网络热点事件中，官民冲突、贫富差距、社会公平以及对弱势群体的同情都有所体现。除此之外，由网络意见领袖所带动的微公益也有巨大的社会反响，从于建嵘发起的"随手拍解救乞讨儿童"到免费午餐、大病医保，微博上的社会救助每天都在上演，网络意见领袖的关注点更多地聚焦于有关国计民生的议题。

2013年以后，随着一系列互联网管理规定的出台，网络意见领袖发言更趋谨慎，原创帖文减少，帖文平均传播率降低，参与的公共事件也明显减少，在重大热点事件中肆无忌惮"放炮"的情况明显减少。团队化、组织化、规模化程度越来越高，不少网络意见领袖早已脱离了单打独斗的草根状态，背后都有专门的团队在运作，这些公众号和社群越来越像一家媒体机构，如高晓松、罗昌平、罗振宇等人的平台有微博、微信、视频网站，影响力大。

七、推动网络意见领袖演变的力量

（一）技术因素

网络意见领袖因互联网的兴起而发展，互联网的开放性、互动性、个性化、易接近性等特质给人们提供了一个前所未有的、平等的人际交往的公共空间，这为网络意见领袖的产生提供了技术基础。特别是web2.0技术的发展，用户不再仅仅是自上而下地接收信息，而是更多地参与到内容的生产中来，这对于意见领袖的产生具有重要的意义，正是技术的驱动才出现了网络意见领袖这种独特的现象。同时，网络意见领袖也随着网络技术的不断成熟而表现出不同的形态和特点。技术对于网络意见领袖的推动作用主要表现要以下几个方面。

1. 互联网放大了网络意见领袖的影响

没有网络技术的发展和社会化应用，网络意见领袖赖以发挥影响的平台就不存在，其作用也就难以体现。与此同时，随着互联网及相关技术的发展，上网的成本逐渐下降，上网的技术门槛也逐渐降低，互联网给越来越多的人提供了发声的渠道，网络意见领袖的规模越来越大，网络意见领袖辐射的人群范围也越来越大，这也在无形中放大了网络意见领袖的影响力。

互联网的另一个特点是交互性，这种交互性不仅体现在网络意见领袖对追随者的影响上，同时也体现在网络意见领袖与追随者之间、网络意见领袖与网络意见领袖之间的影响上，网络意见领袖之间彼此关注的现象很常见，他们之间的联动有利于意见领袖群体的社区化，这样可以使一个网络意见领袖的影响通过另一个网络意见领袖扩散出去，形成多级传播模式，更有益于信息和影响力的传播与扩散。

2. 技术发展推动网络意见领袖群体的多元化

网络意见领袖的群体从初期的专业技术人才到匿名的网络写手，再到公众人物的大量涌入，其群体构成越来越多元化。在互联网发展的早期，想要成为意见领袖需要具备一定的技术优势，能够娴熟地使用互联网，这是成为网络意见领袖的技术门槛。所以初期的意见领袖大多是那些经常接触网络、熟练使用互联网的技术型人才，许多网管、版主成了名副其实的网上"把关人"，对论坛中的帖子行使"生杀大权"，俨然具备了网络意见领袖的功能。这一阶段的网络意见领袖大多是匿名的个体。这是互联网发展的初级阶段，也是网络意见领袖的初级阶段。

而随着网络技术的发展和上网成本的下降，越来越多的人能够操作计算机，技术门槛下降，熟练操作电脑已不是核心竞争力。要想在人声嘈杂的论坛中成为意见领袖，需要有较好的文笔、有价值的观点、有辩论与说服的能力，具有一定的网络活跃度，还要能够理解网民的关注点，懂得什么样的语言风格易被网民接受，什么样的议题能够引起版主及网民的重视，使帖子容易被置顶或加精，引起更多人关注。那些经常活跃在论坛中，观点精辟、针砭时弊的网民逐渐脱颖而出成为大家关注的网络意见领袖。

博客的发展更加强调个性化，除了记录自己的心情、个人生活外，博客者还经常评论社会热点现象、分享资讯、知识等。任何一项网络应用都需要人气，博客的影响力很多都是来自身边朋友的转发或链接。除此之外，新浪博客的运作是吸引名人、作家、学者的加入，如娱乐明星徐静蕾、房产大亨潘石屹、明星作家韩寒、经济学家郎咸平等，意见领袖的类型也出现了进一步的细分，财经类、IT 类、情感类、军事类、体育类等等。

而微博引入之后，网络意见领袖的规模出现了空前的增长。140 字的长度使微博内容的生产更快，与其他网络应用、手机等移动通讯设备的无缝捆绑使其具有移动化的功能，基本上可以实现在任何时间、任何地点都可以发布微博。同时微博还是一个公共性的平台，实名认证机制使越来越多的公众人物参与其中，也给普通人开拓了成为网络意见领袖的渠道，网络意见领袖的群体更加多元。现在的网络空间中形成了"众声喧哗"的局面，各种观点和看法纷纷进入观点市场，有助于网络舆论环境的成熟。

微信是基于熟人圈子的闭合式空间，对公众号的发言也有限制，因此，微信意见领袖的原创率不高，致使网络意见领袖帖子的平均传播力较低，普通网民对于网络大 V 的追捧热度已然不再，"广场式"的网络沸议减少，"沙龙式"的群组对话增多，网络意见领袖影响力被不同的兴趣领域细分，这些因素都使得网络意见领袖风光不再。

3. 互联网的发展使网络意见领袖越来越显性化

网络意见领袖的显性化表现之一就是身份的显性化。随着博客、微博客、微信等自媒体的发展，网络意见领袖不仅仅局限于某一兴趣团体或社团内的领袖人物，越来越多的知名人士加入，尤其是微博引入的实名认证机制，意见领袖的身份越来越显性化，他们自身凭借已有的影响力聚焦了一大批粉丝。身份显性化的同时也放大了意见领袖的影响力，据新浪微博披露的数据，粉丝数超过 100 万的人数已超过 1000 人，而我国报纸发行量过百万（包括 100 万）的只有 20 份，正是网络技术的发展才使得网络意见领袖的影响力越来越大。

网络意见领袖显性化的第二个层面是影响力的显性化。2008 年《瞭望》新闻周刊发表评论《网络意见领袖'显性化'》，文中谈到，在互联网的推动下，网络正在变平，大量的网络意见领袖开始公开走向社会前台[①]。从我国网络意见领袖的实践来看，在互联网发展的第一个十年，网络意见领袖影响力的显性化主要表现在从参与热点到制造热点，在一起起公共事件中充当公民记者，发表评论、建言献策、号召动员，对我国的社会治理与公共管理提出了一定的挑战，成为社会建设与民主建设的新课题。

网络民意的数字化使意见领袖的影响力更加外显。网络意见领袖的观点是否有人关注，是否有人认同，这些问题不需要传统的民意调查方式统计，通过转发量、回复量、评论内容等指标能够更清楚地评价网络意见领袖的影响力。

（二）个体因素

人作为技术的操作者，是影响力传播中的能动性因素，也是决定意见领袖影响力的关键。传统的意见领袖理论对其个性特征和群体行为进行过研究，大部分研究者认为，意见领袖经常接触媒介，善于沟通和交流，经常参加政治组织，与多个不同性质的群体保持联系。网络意见领袖的人格特征也有人研究，如周玉琼以强国论坛十大网友为例，指出网络意见领袖有如下特质，一是年轻未婚，二是学历较高，三是收入不高，但较稳定，足以维持生活（除学生外），四是处在发达的大中都市，五是有充足上网时间，网络经验丰富，六是有稳定且容易接触网络的工作[②]。李彪以微博上 40 个意见领袖为例描绘微博意见领袖群体的特征，他认为微博意见领袖已经初具公共知识分子属性[③]。由此可见，无论是

---

① 季明，李舒，郭奔胜. 网络意见领袖"显性化". 瞭望. 2008（25）：12—13
② 周玉琼. 网络世界中的意见领袖——以强国论坛十大网友为例. 当代传播，2006（3）：50
③ 李彪. 微博意见领袖群体"肖像素描"——以 40 个微博事件中的意见领袖为例. 新闻记者，2012.（9）：19

传统的意见领袖还是网络意见领袖，意见领袖的产生与个体自身的素质有很大关系，无论哪个领域的意见领袖，都表现出某一类区别于追随者的个性特质。

1. 个人的信息和知识水平

意见领袖主要是指那些向他人传达信息、观点的活跃分子，网络意见领袖亦然，个体已有的知识水平、掌握信息的数量和价值以及信息的新颖程度都至关重要。个体拥有的信息来源越广泛，信息量越大，提供的信息越有价值，越有可能成为网络意见领袖。除此之外，网络意见领袖更重要的功能是通过自己的观点影响别人，因此他需要对某一领域的知识比较熟悉，这样才能发布专业的观点，影响追随者。同时，网络意见领袖为了要保持自己的影响力，需要不断地更新自己的知识结构，不断更新已有的信息储备，才能维持其影响力。

2. 个人的网络表达能力

网络意见领袖主要在互联网上，以语言、符号等为中介进行传播，网络意见领袖的信息除了具备新颖性、价值性外，还要符合网民的审美与认知，更为重要的是，还要具备较强的网络表达能力。对于不同时期的网民，这种网络表达能力也是不同的。比如 BBS、论坛和博客时代，网络意见领袖的言论主要以思想性见长，博文或帖子的字数通常比较长。而微博时代，字数要求限制在 140 个汉字以内，文字要更加简练、概括，同时又要足够吸引人，对于网络意见领袖的语言运用能力也是一个很大的挑战，不见得所有意见领袖都能适应微博的这种短小、精悍的风格。因此，个体在不同平台下的网络表达能力对于其成为一名网络意见领袖至关重要。

3. 个人的社会地位

个人已有的社会地位、名声和社会关系对于网络意见领袖来说也非常重要，尤其是在网络意见领袖愈加显性化的今天。既有的这些社会资本是个体在网络中引起注意力的一个基础，许多名人比普通网民通常更容易在网络中充当意见领袖，原因就在于此。认证用户与非认证用户意见领袖形成的周期、稳定性都不同。当一个人的社会资本有限时，通常情况下，他需要付出更多的时间、精力才可能引起别人的关注。而对于社会资本很多的人，通过实名认证机制，可以短时间内就获得大量粉丝的关注，而不需要投入大量的精力引起大家的关注。当然，网络意见领袖的地位也并非是一成不变的，即使具有良好的社会地位，不努力经营的话，也很难维持，这就需要网络意见领袖保持一定的网络活跃度。

4. 参与网络活动的频率

网络意见领袖影响力的稳定性与参与事件的频率有关，如果意见领袖频繁地参与社会公共事件，他的影响力会相对稳定，或者更替的周期会比较长。比如论坛时代的知名网友"数学"、"田嘉力"等，发帖量都很高，至今仍保有一定的网络影响力；博客时代的韩寒，经常就社会热点问题发表自己的看法，在他博客更新量比较高的 2009 年，他个人的影响力也是最大的；微博时代的意见领袖如李开复、任志强、李承鹏等人，他们大多非常关注社会热点，频繁地参与各种社会事件，在微博中始终保持着较高的关注度和网络活跃度，这奠定了其比较稳定的网络影响力。因此，个体参与网络活动的频率与意见领袖的影响力直接相关。

（三）社会心理因素

1. 网络意见领袖自身的心理需求

网络意见领袖大多乐于为他人提供信息、分享自己的观点和见解，以此获得别人的关注。这种类型的意见领袖在互联网发展的早期，尤其是 BBS、论坛的时期比较突出，从各个论坛评选出的"十大网友"、"十大版主"来看，他们大多发帖量很高、上站次数频繁。当然也有一些人虽非高产型写手，但更看重文章的质量，语不惊人死不休，往往也能赢得网友的认可，久而久之，网民更加期待看到他们对某一个热点事件的分析，如韩寒等人，网民的这种认同能够使意见领袖获得一种成就感和满足感。马斯洛的需求层次理论分析了人类的五种需要，主要包括生理需求、安全需求、归属与爱的需求、尊重的需求和自我实现的需求。生理需求、安全需求和情感上的需求都是人类最基本的需求，当这些需求得到满足后，人类开始追求更高层次的需求。尊重和自我实现的需求是比较高层次的需求，人人都希望自己有一定的社会地位，得到社会的认可，希望获得别人的尊重、依赖和高度评价，网络意见领袖亦如此。网络意见领袖通过发布信息、解读信息和传播信息，获得其他成员的拥戴，并希望通过不断地发言，提高自己的影响力，逐渐形成自己的"领袖"身份。

此外，除了满足他们自身的需求之外，成为一名网络意见领袖还能够满足他们"成名"的心理，甚至也会给他们带来一些商业机会，这也在另一个侧面反映了网络意见领袖群体"众声喧哗"的局面，人人都想挤进这个舆论场，成为振臂一挥、万人响应的领袖。网络作家朱海军是中文互联网上最知名的作者之一，这位出生于偃师市佃庄镇朱圪垱村、毕业于郑州大学中文系、精通多国语言的网络写手，自1998年上网以来创作了百万字以上的作品，他曾经说过，"一直有人指责我一心想出名，我对此也从不讳言。我以内地一名小学劳动教师的身份上网，经过一年多硬碰硬的网上冲杀，成了因特网汉语写作界数得着的一号人物"，这多少都反映出一些网络意见领袖渴望成名的心理。

2. 网民的心理需求

互联网是一个复杂、动态的舆论场，在这个虚拟的交流空间中，充斥着各种各样的思想、观点，但随着网络交流的深入，越来越多的虚拟BBS、论坛形成了社区的概念。网络群体并不完全是一盘散沙，"草根"性质浓厚的网络平台上，平民主义、个人英雄主义备受推崇，那些能够代表草根阶层、针砭时弊、标新立异、富有文彩的人特别容易受到网友的选择性注意，再加上群体成员间易受暗示和传染性，因此网络领袖的意见一经推出往往能迅速得到大量网民的支持和响应。例如在"范跑跑"事件中，天涯社区某论坛的首席版主"小刀断雨"发表了多个原创帖，多个帖子被其"粉丝"推到了首页，甚至被置顶。强国论坛网友"云淡水暖"不仅理论水平高，而且文笔出众，被称为强国论坛的"脊梁"。而随着博客、微博等网络平台的兴起，网络意见领袖变得越来越显性化、主流化、多元化，用户可以主动关注、订阅他们自己感兴趣的意见领袖，网络意见领袖和"粉丝"们的互动往往会生成网络意见圈群，大大增强网络群体成员间的归属感和凝聚力。

其次，网民的易受暗示性。正如勒庞在《大众心理研究》一书中所指出的，在一个集体中，个体所表现出来的特性往往与单独个体所具有的那些特性是截然相反的，勒庞将之称为"接受暗示的表现"。他还进一步指出："有意识人格的消失，无意识人格的得势。思想和感情因受暗示和相互传染作用而转向一个共同的方向，是组成群体的个人所表现出来的主要特点"。在网络的虚拟交往空间中，模仿、暗示表现为某种观点或情绪，在网络世界中具有高度传染性，尤其是在微博这样比较短小、移动化的平台上，网民通过移动终端阅读少量的文字，群体的意见交流是很短暂的，没有时间进行深入的、理性的思考，他们很容易马上做出回应，网民往往根据自己的感觉选择相信意见领袖的观点。

3. 社会整体信任结构的断裂

信任是一个社会良性运作下去的心理基础，随着我国经济持续快速的增长，旧有的信任体制被打破、新的社会信任机制尚不健全，社会信任经历了市场化的过程后，社会信任度一直在下滑。十八大以前，食品安全、环境污染、欺诈、司法不公及各种贪污腐败行为频发，使社会各个阶层、各行业和社会生活的各个角落都存在着一种不信任感。据中国社科院发布的《社会心态蓝皮书》显示，城市居民人际间的不信任感扩大化，官民、警民等群体间的不信任感加深。

十八大以前，网络上更是出现了一种弥漫性的信任危机，比如2008年的"杨佳袭警案"，是上海有史以来性质最为严重的一次袭警事件，一位连杀6名警察的青年杨佳却引起了许多网友的同情。而关于杨佳是否遭殴打、杨佳母亲的失踪、杨佳的精神鉴定等多处疑点，网民也一直持怀疑态度，致使该事件产生了广泛的社会影响，一些非政府组织甚至在谷歌上呼吁特别赦免杨佳。在"躲猫猫事件"中，云南青年李乔明因涉嫌盗伐林木罪被刑事拘留，却在看守所内离奇死亡，警方称其与狱友玩"躲猫猫"时撞墙而死，网民纷纷质疑。类似的还有"喝开水死"、"俯卧撑死"、"七十码"、"临时性强奸"等令人匪夷所思的案例比比皆是，"上海大火"、"钱云会事件"、"温州动车事故"等重大社会安全事故中存在的政府不作为、权力腐败、官商勾结等问题，也极大地削弱了网民对于政府、公检部门的信任度。从这十几年来间的网络热点事件也可以看出，网民对于传统权力意见阶层的信任度在逐渐消解，传统权威被进一步解构。

（四）社会环境因素

特定的社会环境决定了社会的信息需求，而能提供这类信息、满足受众信息需求的人更容易成为网络意见领袖。十八大以前，官民冲突、警民冲突、官员腐败、土地纠纷等社会矛盾非常突出，社会上形成普遍形成了仇官、仇富、仇视公权的心理，网络中充满了抨击权贵、声援弱者的声音。比如在韩寒的博客中，到处都充斥着官民对立、弱者受制于强权的思维框架。从他所参与的"上海钓鱼执法事件"、"上海一女户主抵制暴力拆迁事件"、"广西局长日记事件"、"上海高速公路换牌事件"、"荆州大学生救人事件"、"杭州飙车案"等公共事件中可以看出，几乎每起事件都存在公权力使用不当、政府缺位等问题。在互联网上，公权力的运用是网民最为关注的焦点。据《2009 中国网络舆情报告》对2009 年排名前 100 名的网络舆情事件进行分类统计发现，政府管理类事件最受网民关注，其中"官员言行"问题争议最多①。韩寒抓住了大众普遍关心的公权力问题，在涉及公权力的网络突发事件中发声，这无

---

① 杨章怀 . 09 网络舆情报告发布 政府管理类事件最受关注 . 南方都市报 . 2010－04－19

疑契合了网民的心理，容易产生一呼百应的效果。韩寒已被标签化为草根的代言人，他的每篇博文访问量都很大，成为网络意见领袖中的一个标志性的人物。

另外，以红十字会为代表的公益组织近年来问题频出，中国官方慈善机构集体陷入危机。一位网名为"郭美美 baby"的 90 后女孩在自己的微博上炫富，并自称是中国"红十字会商会总经理"，引来大量网友围观，此文一出也将中国红十字会迅速地推到了舆论的风口浪尖。虽然红十字会事后一再发表声明称，郭美美与红十字会无关，并开通微博以增加信息透明度，但并未使事件完全平息，网友纷纷表示对红十字会的信任感全无。其实"郭美美"的炫富只是一个导火索，早在 2008 年汶川地震灾后重建时期，中国红十字会便已爆出 1300 万元购买 1000 顶帐蓬的丑闻。此后，上海红十字会又爆出一张数额为 9859 元的餐饮发票，这一系列事件都透露了中国慈善事业存在监管不利、信息不公开、不透明等问题。在这种情况下，由网络意见领袖所发起的一些民间公益组织却取得了不错的成绩，尤其是微博上的公益活动，继于建嵘教授发起的"随手拍解救乞讨儿童"活动以后，邓飞等人发起的"免费午餐"、"大病医保"等公益活动取得了很大的成效。正是由于社会上对于中国慈善机构的诟病颇多，而社会上又需要一个公益性的组织来承担社会救助的功能，公民的爱心需要一个值得信任的组织机构来承载，才使得网络意见领袖所发起的社会公益组织活动产生巨大的反响。

（五）制度因素

互联网是从西方引进的舶来品，但网络意见领袖的出现却具有很强的中国特色，一方面表现为网络意见领袖广泛地参与到社会公共生活中来，另一方面也表现在网络意见领袖巨大的影响力。这与西方有很大的不同，互联网在西方作为一种新兴媒体，虽然也是民众社会交往和政治参与的重要平台和管道，甚至成为政治革命的重要推手，如埃及骚乱、利比亚动乱、美国大选等，但却很少形成汹涌的民意，研究者更注重意见领袖在互联网上的商业价值。而互联网在中国不仅显示了极大的商业功能，同时也具有强大的社会功能，作为独立媒体的作用越来越明显，这与中国在特殊历史背景下的表达机制有很大关系。

20世纪90年代末互联网被引进中国时，正值我国社会转型的关键期，90年代末和新世纪初，经济改革成果显著，但由于经济增长方式和社会分配方式的改变，也带来了许多社会问题，而这些社会问题在改革进入攻坚阶段后表现得尤为突出。而长期以来，国家的主导作用很强，民间缺少独立的社会力量，国家与社会的分立并未完成，民间缺少一个畅通的表达机制和渠道。人民代表大会制度、民主党派、社会团体、大众传媒、群众自治组织、信访与对话等传统的民众表达渠道并没能很好地发挥作用，民众表达利益诉求的渠道并不畅通。另一方面，个别地方基层政府的不作为、官僚主义和腐败问题突出，漠视群众疾苦，为一己私欲损害底层人民利益，引发信任危机，而媒体作为政府的喉舌又被某些利益集团所垄断。在这种情况下，中国公民，尤其是弱势群体的利益诉求常常被忽略。近几年来，上访数量显著上升，但一些党政官员为掩盖矛盾，堵塞言路、压制民意，酿成更大的危机。

网络意见领袖在这种特殊的经济背景、社会背景和制度背景下崛起，对于中国的公共管理来说，具有一定的积极意义，互联网的发展为中国网络表达提供了便捷、廉价的表达渠道，网络意见领袖通过网络发布信息，汇聚民意，打破了权力机构对信息的垄断，使许多在媒体上难以发表的敏感问题也能被公开讨论，确实在一定程度上推进了中国在社会治理方面的变革。从"孙志刚事件"、"厦门PX项目事件"、"宜黄拆迁自焚事件"、"温州动车事故"等都可以看到网络意见领袖在公共管理、舆论监督方面的积极作用。网络意见领袖的崛起，让公权力平添了一个从旁监督的群体，直接影响中国的公共治理。但同时，网络意见领袖也要受到制度环境的限制，当制度环境还不成熟，网络意见领袖的个别言论触碰了社会、法律底线时也会被限制。

　　另一方面，政府也开始注重培养体制内的意见领袖，如当时的云南省宣传部长伍皓，浙江省委常委、组织部长蔡奇，自称是"衙门里走出的同学"，"温州动车事故"发生之后，以蔡奇为首的浙江政务微博群，发挥了重要作用，包括省卫生厅官方微博、温州市公安局的官方微博，这些官博及时通报救援信息，疏通言路，当网上对铁道部的处置多有批评的时候，网民对浙江政府却并无微词，多有好评。

第四章

网络意见领袖与网络舆论表达

　　网络意见领袖的崛起已是不争的事实，如何评论网络意见领袖的影响力？网络意见领袖是否会对社会产生影响？如果有影响，影响大吗？他们影响了什么？想要回答这些问题并不是一件简单的事情。有学者从技术的角度来评估网络意见领袖的影响，如言论被转发量、被评论量、认同情况等来评估网络意见领袖的影响力；也有人从个案研究出发，着重探讨在某一个事件中意见领袖所发挥的作用。这些研究方法对于认识网络意见领袖的作用都提供了很好的视角，不过却缺少历时性研究的纵深度。为了弥补历时性研究的缺陷，笔者尝试把网络意见领袖的作用放置在一个比较长的历史时间轴上来看，由于资料所限，笔者仅选取了从 2002 年至 2011 年十年间网络意见领袖所参与的影响较大的 70 起热点事件。值得指出的是，这种历时性的研究以收集互联网上的历史资料作为前提，虽然互联网上的大部分资料都得以保存，但许多资料由于信息的敏感性、所属年限较久远等原因造成网络资料参差不齐或已无法获取等问题也比较明显，因此在具体分析过程中可能会存在分析不够全面、不够客观的情况。笔者只能尽力从已有的、可获取的信息中分析，并尽可能地确认信息资料的真实性。其次，由于互联网发展的规模不同，网络热点事件中意见领袖的影响很难以一个绝对的、客观的标准衡量，且所涉及的案例量比较大，笔者只能选择在网络上影响较大的舆论事件作为母本，从中选取影响较大的意见领袖作为分析样本。选取的标准是该意见领袖是否引起广泛讨论，是否对舆论议题的走向起到了关键性的作用等，在选择标准上不可避免地具有一定的主观性。

一、网络意见领袖对于中国舆论生态的影响

从 2002 年至 2011 年这十年间的重大网络热点事件中意见领袖的参与情况可以看出，网络意见领袖的作用首先体现在他们对于网络舆论的影响上。这种影响包括直接和间接两种形式，这里的直接影响是指意见领袖通过在网络中发言引起网民的讨论，形成舆论；间接影响是指意见领袖在线下的影响拓展到网络上，点燃网络舆论。

（一）意见领袖广泛地参与到公共事件中

随着互联网技术发展逐渐成熟，中国的网民规模逐年攀升，社会舆情赖以表达的传播渠道急剧扩张。特别是随着博客、微博等自媒体的兴起，公民表达意识的增强，越来越多的网络意见领袖介入到公共事件中。从本书选取的 70 起网络热点事件来看，2003 年以前的事件仅有一两起比较大的公共事件，2003 年以后开始有所增加，2007 年以后稳定增加，每年有 6—10 起，及至 2010 年微博的社会化应用开始以后，网络意见领袖参与公共事件的增长速度上升明显，每年均在 20 起以上，中国的社会舆情达到了前所未有的外显化程度。

从 2000 年以后我国网络意见领袖参与公共事件的程度来看，意见领袖的网络表达意识越来越强。2003 年以前，传统的意见领袖比较活跃。特别是 2003 年，一场 SARS 危机打开了传统媒体报禁的尴尬处地，传统媒体从"失语"到"喧哗"的蜕变使媒体获得了更多的自主权，传统媒体在"孙志刚案"、"刘涌案"、"黑龙江宝马撞人案"中都发挥了重要作用，媒体的舆论监督功能得到强化。此时活跃的意见领袖大多为通过在报纸、电视等传统媒介中发声来影响网络，或者通过自身的影响力影响传统媒体，进而影响网络民意。如震惊一时的"刘涌案"，正是《外滩画报》的记者李曙明在看了媒体报道的"刘涌案"二审判决结果后，刊登了自己的文章，直指辽宁高院判决的不合理性，随后引起了网

络上的口诛笔伐。在"孙志刚事件"中《南方都市报》报道的"被收容者孙志刚之死"揭露了一起广州执法人员粗暴侵犯公民人身权利致人死亡的事件，在网络世界中引起了轩然大波，8名法学界人士两次联名上书全国人大常委会，要求审查《城市流浪乞讨人员收容遣送办法》，在网络上也引起强烈反响，最后推动了我国收容制度的改革。此时的舆论生态格局中，网络民意更像是传统媒体的助推器，意见领袖通过影响传统媒体来影响网络舆论，汇聚民意，两者联合形成强大的舆论压力，推动着现实问题的解决。

2003年以后，个体利用互联网维权的意识越来越强，个人表达意识的增强催生了一批草根型网络意见领袖的诞生，虽然这些网络意见领袖中大部分人都只是昙花一现的意见领袖，但却使越来越多的人见识到了网络舆论的威力。如"卖身救母"事件中的陈易，通过论坛发帖称要卖掉自己救妈妈，得到了大部分网友的同情，最终筹得善款为母亲做手术。2005年一名网友将"复旦一研究生虐猫"的图片发布到网上之后，引起许多网友的愤慨与谴责。而2007年的"山西黑砖窑事件"中，河南一位沦落"黑砖窑"后获救男孩的亲属"中原老皮"在大河网的"大河论坛"中发帖，《黑恶的"黑人"之路！孩子被卖山西黑砖窑——400位父亲泣血呼救》，此帖发出7天后，点击量达到31万，被"天涯论坛"转载6天后，点击量更是达到了58万，引起包括《人民日报》《南方日报》等国家级媒体和全国媒体的广泛关注，最后引起了中央领导的重视，中共中央政治局委员、中华全国总工会主席王兆国对"黑砖窑事件"做出指示，全国总书记处书记、纪检组长张鸣起亲赴山西现场督促查处。紧接着，多位政治局常委对"黑砖窑"问题也做出重要指示。在中央的强力干预下，山西紧急布署"打击黑砖窑主、解放被拐骗农民工"专项行动，解救了被骗的农民工和未成年人。

在"华南虎照"事件中，网络意见领袖分成了"挺虎派"和"打虎派"两大阵营，最终使得扑朔迷离的假虎照一事大白于天下；"重庆最牛钉子户事件"中，户主通过开通自己的博客吸引了众多网民的关注与支持；类似的案例还有很多，如"反 CNN 事件"、"拯救汶川樱桃事件"等，都是个体，既包括普通网民，也包括媒体工作者、作家、公众人物等，利用互联网进行网络维权或动员活动，最后推动了现实问题的解决。

（二）网络意见领袖促进网络公共讨论空间的形成

在互联网出现以前，大众媒体控制下的舆论环境是由大众媒介组织所创造出来的"拟态环境"，它并非是对现实生活的完全再现，而是进行了一定的"环境再建"。传统的大众传播媒介具有强势的传播地位，公民进行自由讨论的空间非常有限，知识分子阶层也只有非常有限的话语权，他们更多地是在诸如大学、学术会议、咖啡馆等物理上的公共场所传达自己的思想，即使有些能够依靠报纸、电视等大众媒介的精英阶层，其发表的观点、立场也有一定的限制，舆论的主导权主要由政府及主流媒体所掌握。

互联网的兴起，尤其是 web2.0 技术的发展，打破了传者和受者之间的界限，由被动地接收信息向主动的创造信息发展，一个多元的、交互的讨论空间正在形成。比如在"华南虎照事件"中，网民、当事者及专家学者纷纷介入了这起事件，你方唱罢我登场，针对虎照真假一事，双方都发表自己的看法，并都赢得了一部分网民的认同，涌现了许多网络意见领袖。再如"范跑跑"事件中，网民对于范伟忠在大地震中只顾自己逃亡、不顾学生安危的做法进行了道德上的大讨伐，直接促成了范伟忠的解任。但也有不同专家、网民持异议，对于学校解雇范伟忠的这种行为进行谴责。"钱云会案"亦然，网民对于官方通报的意外死亡结果一直半信半疑，以于建嵘、王小山、"屠夫"及中国政法大学法学院教授何兵为代表的 4 组网民代表团分别以第三方的身份来调查事实真相，官方与民间舆论场共同推动着事件的发展。

同时应该看到，虽然网络意见领袖积极推进公共讨论与对话，但网络空间中的对话与讨论仍处于比较初级的形式，还未形成比较成熟的公共讨论。在大量的案例中，我们所看到的仍是网民情绪化的观点，网民群体中存在着广泛的底层社会认同现象，而要想得到网民的认同，意见领袖的观点、看法也"需要"体现对底层的认同，而这并不利于公共讨论空间的形成，网络意见领袖的观点被窄化。但随着网民理性化的程度以及公民网络自律能力的提高，互联网将有望形成一个允许多元表达的公共舆论空间。

（三）网络意见领袖站在信息发布的制高点

从我们所关注的70起重大网络热点事件来看，网络意见领袖言论的类型主要分为三类，第一类是披露信息，占比最高，占48%；其次是评论类，主要是对事件进行分析并发表自己的看法，占31%；第三类是号召发起动员或抗议类，占21%。这三类言论反映了网络意见领袖的不同功能，其中网络意见领袖最重要的一个功能是信息发布。传统的意见领袖研究者认为，意见领袖相比追随者而言，更多地接触媒介和信源。网络环境下意见领袖的信源功能，主要包括两种，第一种是网络意见领袖作为直接的爆料者，首发信息，这部分意见领袖大多为媒体人士、当事方或利益相关方，根据手中掌握的材料爆料。如"乙肝诉讼第一人案"中，便是由当事方张先著在网络上首曝的；"黄静案"中由黄静的朋友和母亲为黄静建了一个网上的墓园并发布关于该事件的各种信息，引起网民的关注；"卖身救母事件"的披露也是由当事者陈易所发布的，诸如此类的还有"虐猫事件"、"山西黑砖窑事件"等。第二类是间接爆料，即帖子经网络意见领袖转发或再加工后引起舆论。如"上海闵行区钓鱼执法"一案中，意见领袖韩寒在网络中看到当事者李晖发布的帖子后原文转发，才使得该事件被广泛关注；"辽宁庄河千人下跪事件"也曾在论坛上披露，但直到张洪峰在自己的博客中转载后才引起广泛反响，并引起传统媒体的关注。

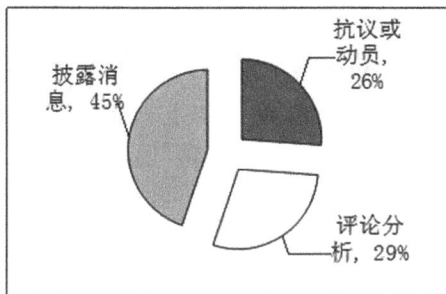

图 14 意见领袖言论的主要类型

胡泳认为，互联网在政治自由有限的国家中，拥有相对较大的民主潜力。互联网不只是在传统媒体之外充当信息传播和动员的又一个出口，而是当其他出口被阻塞时，互联网以其有效性和灵活性，成为促使政治更加具有公共性与民主性的工具。这种工具虽然并不能保证政治的民主转变，但它在帮助普通公众发出自己的声音、从而建立中国的公共领域方面具有重大的作用①。新媒体的发展，特别是 web2.0 技术的发展，网络论坛、微博及各种社交网站的广泛应用，改变了门户网站和传统媒体由上至下的"一对多"的单向信息传播方式，形成了一种互动性的、多种传播方式并存的传播模式。在这种传播格局下，原有的传、受者关系发生了改变，传者与受者之间的界限不再是明确的，而是可以互相转变的，个人有时直接介入新闻的生产，成为"媒体"。

（四）网络意见领袖打通两个舆论场

议程设置理论关注的第一层次是议程的传递，下面将对网络意见领袖与传统媒体的议程设置关系进行探讨。Morris 和 Organ 在 1996 年就指出，现有的大众传播理论主要建立在传统媒体的基础上，而未来的研究或许表明，现存的大众传播理论并不一定适合新媒介。作为在传统媒体环境下形成的意见领袖理论也不可避免地要接受重新检验。传统的意见领袖理论更加关注意见领袖与传统媒体之间的关系，大部分研究者认

---

① 胡泳. 网络社群的崛起. 2009.10. http：//huyong.blog.sohu.com/134932801.html

为意见领袖要比一般的追随者具有较高的媒介接触度。议程设置理论也认为，大众传播媒介对于舆论领袖而言具有较强的短期议程设置效果（Weimann，1994）。而这种情况在网络上却发生了一些变化。我们发现网络意见领袖与传统媒体的关系发生了一些转变，一方面网络意见领袖依赖于传统媒体的信源功能，另一方面，网络意见领袖开始为传统媒体设置议程。如下图所示，从我们所统计的70起网络热点事件中意见领袖的言论被媒体引用的情况来看，被传统媒体引用的比例占62％，未被传统媒体引用的仅占38％。在被媒体引用的信息中，11.6％的信息是由传统媒体出身的记者、媒体人发布的，大部分都是非媒体人员发布后引起传统媒体注意的，即网络意见领袖已成为传统媒体的重要信源，为传统媒体设置议程。

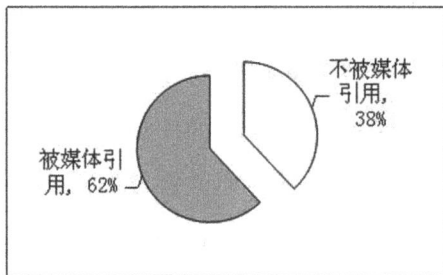

图15 2002－2011年重大网络热点事件中网络意见领袖
言论被传统媒体引用的比例

网络意见领袖与传统媒体之间是一种互动的关系，网络意见领袖越来越多地开始为传统媒体设置议程。与此同时，网络意见领袖也未能摆脱对传统媒体的依赖，笔者曾对"动车事故"中的微博意见领袖的信息来源进行过研究，研究发现，网络意见领袖仍未摆脱对于传统媒体的依赖。在意见领袖的帖子中，48％的帖子来源于媒体，44％的帖子为原创，8％为转载其他非新闻机构或个人的帖子。由此可见，传统媒体仍是微博意见领袖的重要新闻源。

（五）网络意见领袖促进网络舆论监督

"舆论监督是指公众通过舆论这种意见的几何形态，对政府及其工作人员，以及社会公众人物自由地表达个人看法的客观效果①。在大众传播时代，舆论监督的主体是新闻机构，媒体工作者通过揭露现实生活中存在的问题，运用广播、电视、报纸、杂志等大众传播媒介，发表意见和看法，形成舆论，从而对国家、政党、社会团体及公职人员的公务行为，以及社会上一切有悖于法律和道德的行为进行监督、制约。而网络舆论监督主要是通过互联网上，针对国家机关、国家机关工作人员和公众人物的与公共利益有关的事务的批评、建议，体现了公民的言论自由，是人民参政议政的一种形式。网络舆论监督的主体是网民，而网络意见领袖作为网民中的佼佼者，是网络舆论监督的重要力量。

1. 网络意见领袖成为网络舆论监督的重要力量

近几年来，随着中国网民人数规模的激增，网络舆论的影响力越来越大，网络已成为除传统媒体之外的又一重要的舆论监督力量。我国网络舆论监督肇始于2003年，传统媒体在"孙志刚案"、"刘涌案"、"黄静案"、"宝马车撞人案"中的报道在网络上引起了舆论狂潮，因此2003年也被称为网络舆论元年。其中所涌现的意见领袖诸如"孙志刚事件"中上书全国人大的法学专家、"刘涌案"中披露信息的记者李曙明、"黄静案"中引起传统媒体关注的网友"风中的追赶者"以及"宝马车撞人案"中的记者吕业辉，无疑都对事件的发展起到了至关重要的作用。2003年以后，网络舆论监督的范围越来越广，从政府官员、企业老总、娱乐明星，到作家、学者等公众人物都成为网络舆论监督的对象，其中尤以对政府公务人员的舆论监督最甚，这也是最近几年官员个人舆情、网络反腐案例不断增加的原因。从"徐州一区委书记落马"、"贫困县女检察长豪车门"到"北川政府采购豪华越野车"、"红十字会

---

① 杨讲生．试论人大监督与舆论监督的关系．法治与社会，2011（6）：30

万元餐"、"天价表"、"天价烟"等事件，网络反腐案例越来越多，政府、企业及与社会公共事务相关的机构、个人成为网络意见领袖舆论监督的主要对象。从论坛到博客再到微博，网络意见领袖所参与的网络舆论监督事件越来越多，主动性越来越强，成为网络舆论监督中不可或缺的一支力量。

2008 年，中国矿业大学副教授王培荣在论坛上举报了"江苏徐州区委书记董锋包养多名情妇"一事，被某网站的站长转发——"江苏徐州：区委书记演绎荒唐'一夫二妻'制"，形成巨大的舆论反响。举报 3 天后纪委便上门调查，而在此之前，王培荣也通过书面方式实名举报，2 个月内都未见有任何回复，足见网络舆论监督效果之明显。

"上海钓鱼执法事件"中，当事者张晖（化名）将自己的经历发布到论坛之后，引起了青年作家韩寒的注意，他在博客中以《这一定是造谣》为题，转发了此事引起媒体和公众的关注，随后他又连发 3 篇博文炮轰当局。在他所参与的"胡斌飙车案"、"广西局长香艳日记门"、"央视大火"、"富士康跳楼事件"、"浙江乐清事件"、"成都政府诈捐门"等一系列事件中，都可以看到他对公权、执法、社会管理等方面的批判，给当事政府施加了强大的舆论压力。

2. 网络意见领袖舆论监督主体与客体的泛化

网络意见领袖作为舆论监督的主体，是网民群体中的重要一支，舆论监督主体的泛化表现为网络意见领袖群体的多元化。互联网为每个人都提供了成为网络意见领袖的可能性，而从我国网络意见领袖群体发展的过程来看，尽管每个阶段网络意见领袖群体的角色不尽相同，但随着网民规模的增长，网络意见领袖群体一方面在扩大，另一方面也表现了多元化的趋势。不但包括传统媒体下的精英阶层，还包括根植于普通网民中的草根阶层，不但包括专家、学者、作家、媒体人士，还包括越来越多的企、事业单位的工作者、娱乐明星、政府官员、普通公民，网络意见领袖群体的职业构成越来越多样化，这使得网络意见领袖能从更多的视角对同一事件进行分析，有利地促进了网络舆论监督。

网络舆论监督的客体也越来越泛化，网络舆论监督的客体是指舆论监督的对象，从政府部门、公务人员、企事业单位到各种社会组织及个人，都成为网络意见领袖舆论监督的对象。首先，政府部门及公务人员无疑是舆论监督的重点，从"刘涌案"、"孙志刚案"、"宝马车撞人案"、"成都政府诈捐门"、"南京梧桐树事件"、"上海大火"、"温州动车事故"等都可以看到网络意见领袖对于政府机构在处理及应对突发公共事件中的舆论监督作用，而对公务人员个人言行的舆论监督也越来越多，从徐州区委书记董锋的落马、"天价烟"、"天价表"的房产局局长周久耕、再到广西烟草局长韩峰的"香艳日记"门、"咆哮哥事件"、"宁国发改委工作人员裸聊"等，都成为网络意见领袖舆论监督的对象。与此同时，红十字会、教育部门、高校、企业家、学者，甚至像"范跑跑"、"虐猫女"、"郭美美"、"卢美美"、"五道杠少年"等普通人也受到一定的舆论监督。

网络舆论领袖舆论监督主体与客体的泛化反映了中国社会转型时期社会矛盾的深化。随着经济的快速发展，滋生了大量的贪污腐败乱象。2012 年中国的基尼系数已达到 0.474，按照国际的一般标准，基尼系数在 0.4 以上则表示收入差距较大，由于部分群体隐性福利的存在，中国实际的收入差距可能还要更高，部分地区如广东、北京、上海、浙江、福建等重点省市，基尼系数更高。由贫富差距加大所带来一系列社会问题，加速了舆论监督的泛化。

二、网络意见领袖影响舆论的方式

网络意见领袖怎样通过其言论影响网络舆论？通过网络意见领袖言论的分类，我们将网络意见领袖对于网络舆论的作用大致分为三种类型：引发舆论、深化舆论和扭转舆论，这三种功能所占的比例分别为

45％、48％和 7％。可见，网络意见领袖对于舆论引导的功能主要是引发舆论与深化舆论，而对于网民已形成的强势舆论进行引导、扭转舆论的走向则比较少。

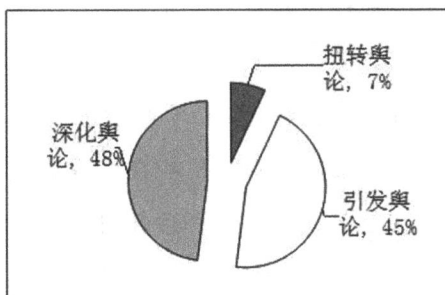

图 16　网络意见领袖对舆论的影响

（一）引发舆论

引发舆论是指网络意见领袖通过发表观点或披露事实使议题进入媒体或公众的视野，从而引起关注与讨论，最后汇聚成主导性舆论的过程。引发舆论常见于舆情形成的初始阶段，多以发布关于该事件的事实性或者有价值的观点为主，而通常能够引发舆论的信息主要包括两类：一类是信息具有很强的新闻性，披露之后马上引起了网民的关注，如2002 年"强国论坛"网友"我为伊狂"所写的《深圳你被谁抛弃》一文，先是在网络上被疯狂转发，传统媒体开始转载，最后引起了深圳市市长于幼军的注意，并亲自找他谈话。第二类是网络意见领袖个人身份的影响力放大了事件的影响力，博客、微博中一些知名人物，由于其在现实中或网络中已然具备了一定的权威性，他的文章很容易引起网民的关注。如"成都政府诈捐门事件"中，由于韩寒的披露引起了传统媒体的关注，媒体曝光之后也引起了当地政府的重视，最终对"诈捐门"一事做出回应。"李萌萌被落榜"事件中，正是企业家梁树新在微博上披露了此事，才使得该事件被广泛关注，最终改变了李萌萌的命运。

（二）深化舆论

深化舆论是指在舆论引发后，网络意见领袖通过进一步披露事实或发表评论推进舆论的演变，强化舆论的过程也是议题不断扩散的过程。由于网民对于同一议题的关注时间是有限的，而要想使某一公共事件持续出现在公众视野内，需要不断地强化舆论，强化舆论的程度也决定了舆论持续的时间。如在"厦门PX项目"事件中，"连岳"不但率先披露了此事，更是接连发了几篇博文，从各个角度分析了PX项目的影响，有力地深化了舆论；"胡斌飙车案"中，韩寒在舆论形成之后，对杭州交警给出的"70码"一说进行分析，有力地驳斥了这一说法，舆论压力迫使杭州交警对车速进行重测。而当胡斌一案受审后，又传出真假胡斌之说，议题又再次转移到"替身说"，韩寒也发文表示质疑胡斌的身份，再次掀起舆论，诸如此类的还有"李刚门事件"、"药家鑫案"、"上海大火"、"温州动车"等事件。正是网络意见领袖的参与，新的议题不断出现，舆论高潮迭起，推动着事件不断向前发展。

（三）扭转舆论

扭转舆论是指在舆论发展的过程中，对已形成的舆论追加一个反作用力，使舆论朝着相反的方向发展。一般而言，扭转舆论的难度是比较大的，强势舆论一般都有一定的情绪基础，公众一旦形成统一的强势舆论后，很容易形成"极化效应"，有时甚至连网络意见领袖自身也很难扭转，所以扭转舆论的比例较小，仅占7%。如在"反CNN事件"和"抵制家乐福事件"中，抵制活动虽然是由几名网络意见领袖首先发起的，但大部分的网络意见领袖是号召民众理性抵制，并不是暴力抵制，而在各地掀起的抵制家乐福事件中，甚至有一些小学生也参与进来，这显然并不是组织者想要看到的。还有一些意见领袖，如韩寒、金晶等对抵制活动持反对态度，但却招来部分网民的谩骂。不过也有成功逆转舆论的，如韩寒在"韩峰局长日记门"事件中通过他的博客发布了"韩峰是个好干部"并附了一个调查，你认为韩峰是个好干部吗？此文发出之后，90%以上的网友都认为韩峰是个好干部，成功逆转了舆论。

从网络意见领袖对于网络舆论的三种作用方式来看，网络意见领袖的作用固然无可厚非，但网络意见领袖如果不谨慎对待自己的言论，很容易造成舆论暴力现象，而汹涌而起的舆论民意形成后，冲击有时是难以遏制的，甚至可能会造成更大的伤害。因此，意见领袖应该谨慎对待自己的话语权，防止话语权的滥用。

第五章

网络意见领袖与政府公共决策

　　随着我国改革开放进程的推进，利益分配主体多元化以及公民意识和公民表达能力的增强，公共决策越来越复杂化，公共决策的科学性、民主化也越来越受到重视，一项重要的公共决策应最大程度地代表民意，实现对社会绝大多数人的利益的合理配置。互联网的产生给每个公民个体提供了相对平等、自由的讨论空间，来自下层或草根的话语所形成的民间舆论对于政府公共决策的影响日益显著，愈来愈多的学者纷纷将注意力转移到网络环境、网民参与、网络舆论等对政府公共决策的影响研究中。

　　从互联网意见领袖的实践来看，网络意见领袖对于政府公共决策产生的影响越来越普遍。"关注就是力量，围观改变中国"是对网民转发行为的最高评价。然而，围观是否能改变中国？正如曾繁旭，黄广生（2012）在《网络意见领袖社区的构成、联动及其政策影响》一文中所谈到的，真正引导公众注意力的是网络意见领袖，是否有网络意见领袖的介入，导致了议题关注度的差别①。从 2002 年"强国论坛"网友"我为伊狂"的《深圳你被谁抛弃》，到 2003 年"孙志刚事件"对于我国收容制度改革的推进；从 2007 年"厦门 PX 项目"中民意取得的巨大胜利，到"宜黄拆迁自焚事件"后《新拆迁条例》的出台，网络民意对于政府问责及推动事件的解决都起到了非常重要的作用。而网络意见领袖究竟在多大层面上推动了政府的公共决策？如何评论他们的作用？笔者认为，总体而言，网络意见领袖一方面对于政府公共决策产生了积极影响，网络意见领袖推进了政府决策的科学化、民主化，官民关系从

----

　　① 曾繁旭，黄广生．网络意见领袖社区的构成、联动及其政策影响：以微博为例．开放时代，2012（4）：115

144

博弈逐渐走向合作。另一方面也要认识到，网络意见领袖对于公共决策的影响还处于比较初级的阶段，网络意见领袖的影响主要体现在对现实问题的处理上，而还没有形成稳定的制度变革保证。

一、促进信息公开

知情权是公众知悉、获取信息的自由和权利，尤其是在一些重大的突发公共安全事件中，民众对于信息的需求空前强烈，而我国媒体由于历史的原因，实行很严格的监管，媒体很难保障公众的知情权，这种窘况直到 2008 年《中华人民共和国政府信息公开条例》正式实施后才有所好转。网络意见领袖对于政府公共决策的影响首先体现在要求政府信息公开、透明上。如"云南躲猫猫事件"中，网友对于警方给出的"躲猫猫"撞墙死一说难以理解，遂成立"网民调查团"以求真相；"邓玉娇案"和"云南小学生卖淫案"中，网友"屠夫"为求真相，亲自到现场去调查事件真相；"胡斌飚车案"中，韩寒从技术上分析了警方给出的"七十码车速"之不合理处，给杭州交警造成了一定的舆论压力，最终迫使其重新检验车速；而"成都政府诈捐门事件"中，正是由于韩寒的质疑才使得成都市政府公布了办公楼的具体用处；"宜黄拆迁自焚事件"亦然，记者邓飞微博直播了"女厕攻防战"的整个过程，使外界迅速了解了事件的整个过程及进展；"上海大火事件"中，记者仇子明对于政府迅速问责农民工的质疑以及"温州动车事故"中，白岩松、姚晨等人对于事故本身的质疑都推动着政府不断地对外公布消息，让公众了解事件的整个经过。

二、推动问责

问责是政府处理现实问题的主要手段之一，有时也是网络意见领袖的直接诉求之一。如"徐州区委书记董锋落马"一事中，中国矿业大学副教授王培荣在多方举报不得果后诉诸网络，在论坛上发表"全国最荒淫无耻的区委书记和全国最牛的黑恶势力"一文后马上引起重视，仅在披露后的第三天董锋便被停职。问责是解决事件最直接的方式，一般而言，问责过后，网络舆论热度会马上下降。因而，问责也是政府应对负面舆情的主要方式之一，无论是"孙志刚案"、"躲猫猫案"、"上海钓鱼执法事件"等暴力事件，还是"上海大火"、"温州动车事故"等灾害事故，舆情热度基本上都因问责而显著下降。

三、修改不合理决议

政府在公共管理过程中，由于没有广泛采集民意而在政策、法规实施的过程中引起强烈的反对而引起的舆情也越来越多。如"厦门 PX 事件"中，专栏作家"连岳"在自己的博客中号召厦门人民行动起来，抵制 PX 项目。从 6 月份开始厦门市民集体抗议，最后厦门市政府不得不进行二次环评，公众投票，宣布暂停 PX 项目。"南京梧桐树事件"亦然，由于意见领袖黄健翔、孟非等人在网络上对此事件的关注并予以谴责，在未得到政府响应后，网民自发开展了营救梧桐树的"绿丝带行动"，最终迫使南京市政府全面停止了移树工作，事件最终才告一段落。由此观之，网络意见领袖介入政府的公共治理，促使修改政府决议的事例越来越多，这也是其影响政府公共决策的重要方式。

四、推进司法审判

司法审判的独立性与传媒和民众的舆论监督功能有时会存在一定的冲突，尤其是互联网兴起以后，网络民意更加显性化，网络意见领袖更加直接、广泛地介入到各种公共事件中，而司法领域内的舆情又比较突出，因此，民意、传媒与司法三者之间的互动关系成为互联网兴起以来引起最多争论的问题之一。比较典型案例的是 2009 年的"邓玉娇案"。2009 年 5 月 10 日，在巴东县野三关镇"雄风"宾馆休闲中心"梦幻城"工作的服务员邓玉娇，因拒绝该镇招商办主任邓贵大、黄德智等人的提出的"特殊服务"要求而发生争执和肢体冲突，邓玉娇在冲突中用刀刺破邓贵大颈部动脉血管及胸部，致使其不治身亡。随后邓玉娇打电话向警方自首，警方以"故意杀人罪"将其刑事拘留。此事经媒体报道后引起了广泛的关注，还有网民亲自到现场调查此事。网民对于邓玉娇抵抗金钱和权势的精神表现出了极大的赞扬，对于拿一叠钞票打人、要求提供"特殊服务"的官员表示出极大地愤慨，最终在舆论的压力下，"邓玉娇案"从被定性为"故意杀人"到"过失杀人"，最后，邓玉娇被认定为"防卫过当"，在一定程度上代表了民意，缓解了"民愤"。诸如此类的还有"黄静案"、"哈尔滨宝马车撞人案"、"药家鑫案"等，在意见领袖的推动下，汹涌的民意迫使司法部门部分推进了审判。网络民意的胜利同时也带来了许多问题，如司法审判的独立性，司法机关与传媒、民意之间的博弈关系等，成为当前司法改革所面临的重要问题。

五、推动完善法案

网络意见领袖对公共决策最高层面的影响是修改当前法案，但并非出于意见领袖个人的影响力，而是多种社会力量合力的结果。比如"孙志刚事件"中，正是在传统媒体的报道下，网络上已经产生了强烈的舆论共识，在多名法学专家上书全国人大常委会后，旧的收容遣送制度才被废弃；在"宜黄拆迁自焚事件"中，意见领袖邓飞的"微博直播"使这一事件引起广泛地关注，当事者钟如九也借助微博的力量，直播了其被人抓走、抢尸的过程，媒体也被要求撤离宜黄。此事直到新华社等官方媒体报道后，当地政府才态度大变，开始对涉事官员进行问责，并最终推动了新的《拆迁条例》的出台。其实早在"宜黄拆迁自焚事件"之前，"重庆最牛钉子户"、"田福珍自焚"等事件已使"拆迁问题"积蓄了一定的舆论能量，因拆迁而引起的社会不稳定已经引起了更多的重视，才使得停罢多时的新《拆迁条例》加快了制订的流程。

第六章

网络意见领袖的社会动员能力

意见领袖对追随者的影响有三个层次，认知、态度和行动上的影响。网络意见领袖除了发布信息、汇聚观点、形成公共舆论外，有时还会对社会现实产生影响，将网络意见领袖的影响力从线上转移到线下。这种影响力的表现形式之一就是网络社会运动。什么叫网络社会运动？西方社会运动研究学者根据自己的研究取向对网络社会运动有不同的描述，如网络社会运动、网络运动、网络抗争、网络抗议等。网络社会运动既可能是社会运动的某一个阶段，也可能是同社会运动相区别而单独发生在网络空间内的集体行动。

网络社会运动的兴起一方面得益于技术的进步。随着互联网的发展和中国网民规模的攀升，信息技术和网络传播技术对社会的影响越来越大，网络社会这个虚拟体，虽然不具备现实存在的空间，但它又是以现实为载体的反映现实且反作用于现实的一种存在形式。另一方面，也与我国的社会结构有关。与西方国家不同，西方社会结构中民间组织占据很重要的部分，大部分人都可以根据自己的兴趣参加社团活动。而在我国，民间组织的发展在改革开放以后虽然取得了一些进步，但还很不成熟，但这一现象在网络上却得到了极大的发展，网上基于各种兴趣空间的应用越来越多，特别是web2.0技术的进展，网络应用更加注意交互性，再加上互联网与手机的融合，人们随时随地沟通信息、协调行动，组织一场集体行动或者社会运动的成本下降。从2005年的"反日大游行"、2007年的"厦门反PX项目"、2008年的"抵制家乐福事件"、"汶川地震"中的"抢救汶川樱桃树事件"、到2010年"上海大火事件"所引发的万人悼念活动，互联网在信息传播、议题建构、组织动员等方面都起到了非常关键的作用。但网络动员能否形成实际的社会运动并不是毫无条件的，促动网络社会运动发生的能动主体是人，其中，网络意见领袖起着十分关键的作用。

一、网络意见领袖发起网络社会运动的几种形式

（一）网络集体签名

网络集体签名活动是一种最简单和基本的网络社会运动形式，多发生在虚拟空间中，也有可能延伸到现实生活中。在一些重大自然灾害事件、社会安全事故中，网友通过签名活动寄托哀思的形式越来越普遍，如"汶川地震"、"甘肃泥石流"、"上海大火"、"温州动车事故"、"日本大地震"、"校车事故"、"小悦悦"等事件中都存在大量的网络集体签名活动。此外，网络集体签名活动有时也是为了表达一定的诉求，它往往发生在社会集体行动发生前，如"抵制家乐福事件"中多地都出现了"5.1抵制家乐福"的签名活动，MSN、QQ上都掀起了"红星爱中国"的行动，多数MSN用户都使用此签名来表达自己的心情；2008年"杨佳袭警案"发生后，杨佳本人被判处死刑，44位学者、记者和社会各界人士呼吁特赦杨佳本人。这些都表达了部分意见领袖的观点、看法，他们希望通过网络集体签名的形式表达自己的立场。

（二）线上或线下的抵制运动

在中国较具代表性的由网络动员发展成线上或线下的集体行动的案例，最早可追溯至2008年汶川地震。2008年5月15日，上海网友candy申请了一个名为"入川志愿者"的群，旨在号召、动员志愿者入川进行志愿服务活动。同时他还在天涯社区、博客空间发贴召集网友加入。5月18日，第一批14名志愿者前往灾区，此后该群又先后组织了两次入川志愿服务活动。

随着互联网的快速发展及对社会生活的广泛介入，尤其是微博在一系列网络热点事件及重大突发性公共安全事件中的表现，不由得让人对微博的社会动员功能刮目相看。如玉树地震发生后，网友通过新浪微博

发出"超级急"的信息，告知首都机场一号航站楼北线货运站征集救灾物资，号召网友将灾区急需的物品送达。在"江西宜黄拆迁事件"中，钟如九通过微博向广大网友发出求助，救其被烧伤的母亲和姐姐，也立即得到了热心网友的纷纷响应，在不到 24 小时的时间内就完成了从联络国内顶级烧伤专家、联络邀请函等一系列复杂程序，最终使得两名专家顺利地来到病房一起为钟家妈妈和姐姐会诊。在"上海大火事件"中，网友利用微博这一平台召集头七悼念活动，由若干微博网友自发组织的制作条幅、现场派发鲜花以及近万名微博网友献花等行动，让人看到了微博线上的虚拟力量转化成现实的力量。

（三）发起社会公益活动

社会公益活动作为社会集体行动的一种，受到越来越多的重视，尤其是微博等互动性、移动性很强的网络媒介产生以后，网络意见领袖所发起的社会公益活动越来越多，涉及社会的方方面面，尤其是微博中的各种公益、救助活动，网络意见领袖起到了很好的示范及带头作用。互联网的发展使信息能够跨时间、跨地域传递，特别是随着互联网与其他媒介、手机等移动通讯的捆绑，用户能够更加迅速、便捷地发布信息。更为重要的是，互联网具有很强的聚合性，它能够使怀有同样想法、同样价值观的个体更容易聚焦起来。这种传播特性使得它更适于成为一个动员、传播的平台，承载社会公益组织的功能。而网络意见领袖作为一种能动性的力量，利用互联网这个平台，能够更好地促进社会公益的发展。

从互联网产生以后，就不乏各种捐款、社会救助等公益活动。2005年天涯论坛著名的"卖身救母"事件就是网友借助互联网这个平台寻求救助，并获得网友捐助的典型事例，除了当事者本人之外，"版主"也是推动这起事件的重要的网络意见领袖。正是由于他们的置顶、加精，才使得该事件能引起众多人的关注。其后越来越多的网友开始诉诸网络寻求帮助，以解决现实问题。而随着微博等自媒体的发展，越来越多的

网络意见领袖介入到捐款、社会救助等公益性活动当中。如 2010 年的
"西南大旱"牵动了无数人的心，梁咏琪、姚晨等人利用微博平台成功
为灾区捐款；梁树新在微博上倡议"铅笔换校舍"义卖活动，用三根来
自乡村小学的铅笔，先后换了巧克力、电饭煲、打印机等。该活动最后
也引起了部分名人的关注，如央视主持人王凯捐了一小时的配音时间。
经过一个月后，筹得善款 15 万元，汇入广西昭平县走马乡佛丁村小学，
用于校舍建设。而于建嵘教授发起的"随手拍解救乞讨儿童"的微博打
拐活动更是掀起了一场全民公益行动的序幕，多位明星和公众人物成为
重要的推动力量。随后，邓飞、华楠等人在中华社会救助基金会的支持
下设立了具有公募性质的微博打拐公益基金。此后"免费午餐"、"大病
医保"等公益活动，都取得了很好的效果和社会反响，也引起了国家有
关部门的重视。受此启发，网络上几乎每天都有各种不同形式的社会救
援活动在上演。

二、网络意见领袖在网络社会运动中的角色

（一）动员者

　　资源动员理论的一大贡献是发现了组织在社会运动中的作用，但资
源动员理论的产生是在西方社会悠久的结社传统和强大的公共领域背景
下产生的，而这一点却并不符合中国的国情，我国的社会团体独立性不
强，民间 NGO 组织在网络社会动员中的作用是十分有限的。而互联网
环境下的社会动员可以没有实际的组织，但不能缺少动员者。动员者的
作用之一是发起倡议，使信息传达出去并引起网友的共鸣，二是传播信
息，在大规模集体行动爆发的过程中，有许许多多的传播、扩散信息的
人，这些人主要是 QQ 群的管理员、论坛版主等人，是他们把有关活动
的信息发到自己的讨论群中，扩大信息扩散的规模。这一点对于社会运
动非常重要，当信息扩散到一定程度时，其本身所产生的社会效应会使

越来越多的人主动参与进来。如在"抵制家乐福"事件中 23 岁的网友杨某，他看到天涯网友"梦罗宁馨"的帖子后就把抵制的消息发到了聊天室，得到许多人的响应。4 月 15 日，杨聪和 7 个大学生在昆明南屏步行街的家乐福门口前，自制横幅进行"五一"抵制活动的预演活动，一些人自发地加入其中，成为了一个 50 多人的团体。

（二）参与者

网络意见领袖不仅动员网友参与，他们也是网络社会运动的直接参与者，如在"抵制家乐福"事件中，网友"kittyshelley"是使这场社会运动从网络上蔓延到现实中的关键人物。4 月 13 日，身着红色奥运文化衫的她两手拿着一块展板，图文并茂地记述了奥运火炬在巴黎的遭遇。由于围观者太多，在警察的劝说下，她把举牌点迁到了离家乐福 10 多分钟的一个路口，大部分经过的人都会停下脚步看她。当晚她就把抗议的详细经过帖在了"水木论坛"上，并被天涯等论坛转载。4 月 14 日，小 K 的照片登上了新加坡《联合早报》网站的头条，一条"抵制家乐福第一中国人"的消息很快就被国内各大网站所转载。国内各地抵制家乐福的热情更为高涨，各地纷纷开始了抵制家乐福的具体行动。合肥把抗议推向了第一个高潮。4 月 18 日下午，人们开始在合肥家乐福三里庵店门前聚焦，并喊出了"中国万岁"、"抵制法国"的口号。4 月 19 日，昆明群的组织者"鬼魂"、"诚爱"、"轨迹"和"rita"自费印制了 3000 封"公开信"分发给路人，没有传单时他们就即兴演讲，周围聚集了很多的人。武汉 QQ 群的核心组织者是大学生，他们打出了"武汉高校热血联盟"的牌子，在王府井百货大楼门口的广场上，散发小红旗。这些本在网络上无人问津的人在这场突如其来的社会运动中都成为临时性的网络意见领袖。

（三）组织者

社会运动的组织者是具体负责开展活动的人，作为一名合格的组织者，需要具备一定的领导能力和管理能力，能够调动一个团队有效地工作，同时要有掌控整个活动全局的战略和远见，因此，组织者通常都是社会运动的灵魂人物。网络社会运动的发生，有时并没有一个具体的组织机构，但一定有负责指挥的组织者。如在"随手拍解救乞讨儿童"活动中的于建嵘教授，从最初仅仅是通过其个人在微博上的影响力，到后来成立专门的工作室，"随手拍"活动的规模越来越大。再如"免费午餐"公益计划的发起人邓飞，亲自到贵州的一些学校现场调查，从贵州沙坝小学开始，"免费午餐"计划向全国推广，邓飞本人也用自己的双脚走过了一所又一所的乡村中学，在推动的过程中解决了许多亟待解决的问题。可以说，没有这些意见领袖的组织与推动，这些社会运动将很难实施，或者很难持续。

三、网络意见领袖如何推动社会运动

（一）充分发挥互联网的平台优势

网络社会运动的开展与意见领袖对技术的运用是分不开的。以"抵制家乐福"事件为例，该运动是在网络上发起和倡导的，知名网友"水婴"在"猫扑"上发出的抵制帖子引起了网友的大讨论；成都网友"梦罗宁馨"也是最早发布抵制帖的网友之一，在她的帖子中，列举了一些法国公司、产品，其中明确锁定了对象"家乐福"——这个在中国拥有2亿多客户的零售商。天涯、猫扑都是中国最大型的网络论坛，注册用户庞大，而且早在此之前就发起过"抵制日货"等大型活动。网络意见领袖利用这样成熟的网络平台，能够加快信息的扩散。

此外，互联网具有强大的聚合功能，它使得具有相同意见的人更容易找到与自己观点相近的人，使得关注该事件的人越容易聚焦起来，引起集体讨论。而网络意见领袖的出现，也使得网民不再沉默，网络成为各种意见的集散地。比如当"水婴"发出抵制帖以后，不但赢得了网友的赞同，许多网友纷纷提议抵制其他的产品，并列上清单。

同时，互联网还降低了信息沟通成本。资源动员理论认为，社会运动的发生并不是社会矛盾加大了或者社会上人们的相对剥夺感增强了，而是社会上可供运动参与者利用的资源增加了。这种理论视角在中国可能也具有一定的意义，一方面社会矛盾和冲突的确是在加剧，但同时，可供参与者利用的资源也在增加，尤其是互联网这种便捷、低成本的平台。网络社会运动虽然缺少实体的组织机构，但互联网使得社会运动中信息的沟通和流通成本极大地下降，从论坛到 QQ 群、MSN、手机短信，消息快速地在网络上扩散，蔓延至全国。

（二）善于运用网络意见领袖的个人影响力

网络社会运动的发生并非纯粹偶然的，而是需要天时、地利、人和等多种条件的配合，其中，"人和"是一个重要的能动因素，而"人和"的一个重要方面就是网络意见领袖个人的影响力。由于网络的虚拟性、匿名性，网民之间的交往是很松散的，网络社会运动要想在彼此并不认识、甚至无法辨别真假的网民之间发生，需要一个值得信赖、认同度很高的意见领袖促成。从"家乐福事件"中的几个网络意见领袖来看，网络社会运动的发生过程中，网络意见领袖个人的影响力起到非常大的作用。"水婴"是一名有着 8 年网龄的老网民，在北京一家 IT 公司工作，在"猫扑"上算是发言比较活跃的"名人"，是"猫人志"的主持人之一，其自身在网络社会中是一个有着"高话语权"的人物，而非普通的网友。3·14 事件发生后，他自制了一段视频，题为"用我微薄的力量，维护祖国完整"；圣火在中国境内传递开始前，他在猫扑上号召大家拿起相机，分享那动人的一刻；7 月 14 日，法国国庆日，"水婴"写了一篇"搞不懂的法式幽默"，文中写道："别以为善良的中国人真搞不懂你们的'幽默方式'，只是我们不愿意相信如此悲哀的事实"。由此可见，他是一个关心国家大事，具有深厚爱国情怀的热血青年，而他对法国的态度也为抵制家乐福埋下了伏笔。虽然在"水婴"之前就出现了抵制家乐福的帖子，但并没有引起广泛讨论，而他的帖子发出之后，得到了许多网友的热情回应，在大家的跟帖中还提出了更多的号召和建议。正是由于"水婴"个人在网络上的影响力，才能使得这一话题有持续的热度而不被淹没。4 月 15 日，一位名叫"茉馨"的网友在其个人博客中发布了到北京某地免费领取爱国 T 恤的通知。"茉馨"是一个民间公益组织的负责人，她一直以来就热心于公益事业，在网络上的朋友圈很广泛，领 T 恤这个活动就是她从其他网友那听说的，她帮忙宣传。在她的支持下，关心、参与这项活动的人很多，每篇帖子的点击量都在一千以上。除此之外，许多 QQ 群主、论坛版主也成为这场社会运动中的意见领袖。正是由于这些大大小小的网络意见领袖的参与，一场声势浩大的社会运动才得以发生，虽然网络意见领袖的个人影响力并不一定会促成一场社会运动，但缺少网络意见领袖的参与，即使网络讨论再激烈，显然也是没有办法付诸实施的。

（三）综合利用多种传播渠道

网络意见领袖在社会运动中传播的媒介主要是互联网，从"抵制家乐福事件"中信息的传播流向来看，首先发于论坛，随后很快扩散到 QQ 群、MSN、博客、手机短信，最后演变成现实的社会集体行动。在这场社会运动中，网络意见领袖既充分运用了互联网这种平台的优势，使信息在网络上尽快地流动，形成"一对多"、"多对多"的多种传播形态，其中既有基于"强关系"的人际传播，也有基于"弱关系"的大众传播。"强关系"的社会网络能够强化网络社会行动的力度，加强成员之间的凝聚力，这构成了网络社会行动发生的现实基础。而"弱关系"的网络社群关系又使信息能够在异质的团体之间快速流动，使越来越多的网民参与其中，扩大活动的影响力。而无论是"强关系"网络还是"弱关系"网络，网络意见领袖作为信息流通的重要节点，对信息的传播与再传播都起到了举足轻重的作用。如网友"水婴"除了在"猫扑"上发帖外，还在自己所在的群及 MSN 好友中发帖，在这种强、弱关系相互转换的过程中，使这场原本在网络中爆发的社会运动最终从网上蔓延到了现实中。

（四）要具有一定的现实基础

虽然网络意见领袖的影响力发轫于网络，但同时也可以看到，像"水婴"、"茉馨"这样的网民在网络上和现实社会生活中，都有一定规模的沟通群体。"茉馨"本身就是一个民间公益组织负责人，有发起社会运动的实践经历，经常组织网友参加一些社会公益活动。对于这样一位热衷公益事业的"意见领袖"来说，他能在网络上发起这样的动员活动并非是一时性起，而是有现实基础的。在"抵制家乐福"事件中，QQ 群和手机后来成为一个重要的信息沟通渠道。然而 QQ 群中的网友或者手机通讯录中的朋友，大部分是已熟识的身边的朋友，这种基于现实社会关系建立起来的社交网络在实际的社会运动中发挥了重要的作用。由此可以看出，网络社会运动的发生需要有一定的现实基础，这些基于现实社会关系的"强关系"网络，能够加强动员者之间的联系，通过一个个"强关系"使信息扩散出去，真正起到动员的作用。而当信息扩散达到一定的程度后，会自发地形成自扩散效果，网络上的响应者就会越来越多，最终形成一个有紧密联系，但是松散的社会网络和动员结构，这是网络社会运动赖以发生的重要条件。

（五）要能形成集体认同

集体行动的发生有其内在的发生逻辑，如何解释网络上成千上万、原本互不相识的人为了一个共同的目标而聚焦起来，一起参与一场集体行动？赵鼎新认为，"最终决定哪种话语成为主导性话语的往往是处于同情者位置的广大受众"[①]，议题要想得到民众的认可，就需要迎合民众的价值观，而这种民众取向所造成的网络民意往往是情感诉求，而不是理性诉求。情感诉求，用道义和情感的旗帜来号召更多的人"卷入"

---

① 赵鼎新．西方社会运动与革命理论发展之述评（4）．共识网，2011 年 11 月，http：//www.21ccom.net/articles/sxpl/sx/article＿2010112525263＿4.html

运动当中，这是常见的话语策略。而来自国家的集体利益的号召，更容易汇聚成公众意见。从"抵制家乐福"运动中的情感诉求来看，这种民族主义诉求很容易激起网民的爱国情感，反对藏独、维护祖国统一完整、维护国家尊严等集体认同很容易形成。为什么把家乐福作为抵制的对象？这样的问题已无人理会。即便有一些有影响力的人物对此持异义，其成效通常也是很微弱的，因为集体认同一旦形成，便很难转变。如白岩松、韩寒、金晶等人，都对抵制家乐福事件持反对的态度，反倒引来网友的诘难。此外，受众的结构与动员主题的契合性对于集体认同的发生也很重要，受众结构与网络动员主题越相关，关联度越大，越倾向于支持此类行动，网络动员能否转化为现实的群体性行动，支持者的数量通常起着决定性的作用。

（六）社会环境因素的影响

网络上的社会运动影响越来越大，其基础是民间力量的生长。越来越多的社会个体关注公益、城市发展、环境污染及弱势群体等问题，越来越多的组织和个人愿意参与到社会救助、公共管理等活动中来，这种民间力量的强大是网络社会运动得以生存和发展的根本。同时，社会运动的发生也要受到政策环境的影响。网络社会运动的主要形式之一就是社会公益活动，这几年来，社会公益活动如火如荼，这与公益活动的性质有关。社会公益活动是一项政治风险较低的社会运动，一方面公益关注弱势群体，体现了人类同情弱者的共同情感，容易赢得社会公众的支持，唤起情感上的共鸣；另一方面也不容易遭到政府以及其他组织机构的抵制、打压，相反，通过参与公益事业，还能够树立企业、公众人物自身的形象，因此往往能够得到企业、政府机构以及社会上公众人物的支持，是一项多赢的活动。

第七章

网络意见领袖带来的挑战

　　网络意见领袖的观点并不总是完全理性的、客观的，也并不总是公共利益的代言人，当这种个人的影响力偏离了事实或偏离人们对于社会公平、正义的追求时，它所产生的影响力很可能是负面的，甚至会产生极大的破坏性。

一、虚假信息与虚假民意

　　匿名性是互联网的一大特点，匿名性所带来的问题就是很难辨别信息的真伪，尤其是对媒介素养并不高的一些网民而言，网络意见领袖由于在网络上的巨大影响力，很容易被一些别有用心者利用，冒用"意见领袖"的名义发言，影响舆论，给网络意见领袖个人和公众都会造成损失。尤其是在突发公共事件发生后，虚假民意很容易先入为主，混淆视听。2010年4月，某网站转发了一篇署名为韩寒的文章，《韩寒：不要再给西南旱区捐水了》，并被各大网站和网民所转载，争议也随之而起。随后，韩寒本人证实该文并非自己所写，并在其博客上撰文《诸恶与众善》予以澄清，但已产生了不良的影响。其他网络意见领袖也发生过类似被冒用的事件。

　　另外，网络意见领袖也有可能在不明真相的情况下，发布虚假信息，产生不良影响。比如韩寒在"胡斌飙车案"中继质疑此前警方公布的"70码"一说之后再掀波澜，他在博客中质疑杭州飙车案一审中的胡斌是"替身"，杭州法院"指鹿为马"，"替身说"充斥网络，产生了一定的负面影响。事后韩寒对于自己的判断失误发表博文澄清，但负面影响已产生，很难再完全修复。这些虚假信息与虚假民意都是需要警惕的，网络意见领袖在获得更大话语权的同时，更要加强自身修养，审慎发言，带头创造风清气正的网络空间。

二、网络民意的情绪化与不可控性

"从众心理"是一种很常见的群体心理现象，美国学者凯斯·桑斯坦在研究网民的网络行为时就率先提出"群体极化"的概念。法国社会学家古斯塔夫·勒庞在其著作《乌合之众：大众心理研究》中也指出：群体是非理性而冲动的，没有推理能力，易受到暗示和传染而变得极端、狂热，不能接受对立意见。从近几年我国网民的学历结构来看，高中及中专以下学历者在 2000 年以后都出现了大幅度的增长，网民的年轻化、低学历化，使得他们的情绪很容易被网络意见领袖的示范效应所影响，尤其是在一些网络集体行动中，情绪的传染很快，而理性的判断却十分缺乏。网络意见领袖的号召与动员使许多社会个体基于共同的情感凝聚起来，网站通过信息的同类搜集和网址链接，形成信息的自主协同过滤效应，网民所能听到和看到的都是自己的"回声"或"影子"，这使得他们获得的信息变得"窄化"。这种有明显意向性的信息过滤现象，使得网络民意带有很明显的情绪化和不稳定的特点。如"虐猫事件"中的女主角被网友人肉出来之后，立刻引起了网民极大的愤怒，甚至在网络上公开发出网络通缉令，网络上充斥着各种辱骂和人身攻击，此时的这个群体是很难控制的。正如格雷·舍柯的研究所得出的结论："一个个体最初可能是带着比较中立的观点去看待某个问题，但在与别人在网络中讨论之后，他有可能从中间的地段向边缘地带发生偏移"①。这种偏移一旦没有法律或社会规范的强有力的约束，要扭转他们的看法并不是一件简单的事情。这在此前的"抵制家乐福"事件中体现得比较明显。

---

① Patricia Wallace. 谢影，苟建新译. 互联网心理学. 中国轻工业出版社，2001：P84

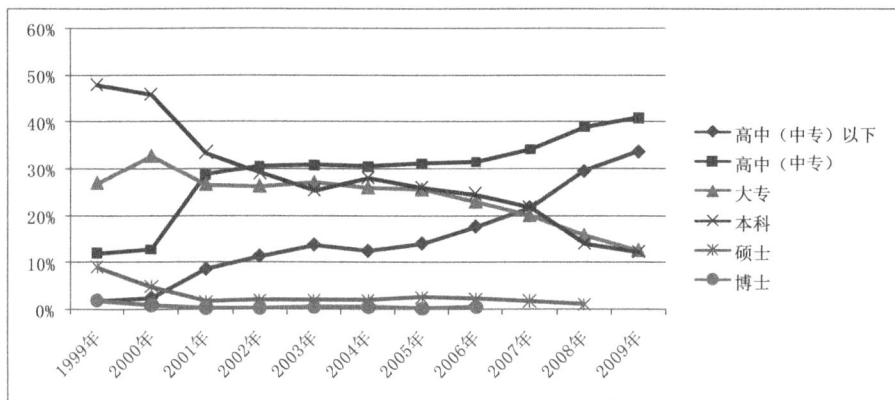

图 17　1999—2009 中国网民学历结构变化

三、网络舆论暴力与话语权滥用

从网络意见领袖发展的演变过程来看，无论是论坛、博客亦或微博、微信，都存在网络舆论暴力及话语权滥用的问题。网络论坛时期，网络信息的匿名性催生了"人肉搜索"这种技术的发展。"人肉搜索"最初来源于"猫扑网"的一种搜索形式，通过悬赏解答者，可以积累论坛积分，成为"赏金猎人"，它利用现代信息科技，变传统网络信息搜索为人找人、人问人、人碰人、人挤人、人挨人的关系型网络社区活动，变枯燥乏味的查询过程为"一人提问、八方回应"的人性化搜索体验①。从"卖身救母"到"网络虐猫"、从"铜须门"、"华南虎事件"再到"广西局长日记门"，网民发起了一波又一波的"人肉搜索"。"人肉搜索"一方面体现了网民的集体智慧，涌现了如"小鱼啵啵啵"等草根型的意见领袖，另一方面也带来隐私权被侵犯等伦理道德问题与法律问题，当事人遭到谩骂、骚扰、恐吓，甚至波及身边的其他亲人，造成

---

① 评论：人肉搜索是双面胶．中国 IT 业网，2008 年 8 月 21 日，http：//it. qx100. com/ht-ml/2008－8/2008821215401147. shtml

极其不好的社会影响。

另外，网络意见领袖可能造成的另一个隐患是话语权的滥用。话语权作为一种潜在的现实权力，更多体现的是一种社会关系。以科尔曼为代表的"信任——权威"模式认为，权力是只存在于群体之中，个人基于利益的权衡，出让自身的一部分利益，并将这部分利益交由他人掌握的一种社会行为。网民选择相信网络意见领袖的言论，网络意见领袖便获得了这种话语权。从"孙志刚案"、"宝马车撞人案"、"邓玉娇案"、到"李刚门"、"宜黄拆迁自焚"、"药家鑫案"来看，网络意见领袖越来越被标签化为公共利益的代言者和看门人、沉默的大多数人的代表。在网络意见领袖的话语体系当中，大多都表现出对弱者的同情、对强权的批判，也正是这种话语体系才得到了越来越多来自底层网民的认同。当人们在缺少可靠知识或信息量有限时，更容易不加分析地进行判断。然而网络意见领袖对于现实的判断并不总是理性的、客观的。网络意见领袖的话语权滥用还体现在部分网络意见领袖为博出名，在微博等网络平台上肆意发泄情绪，口出狂言，语言粗俗，甚至相互对骂，污染互联网上的公共舆论环境，也给自身形象带来了恶劣影响。

第八章

对策及建议

近年来，"新意见阶层"的崛起①对中国舆论格局产生了巨大的影响，不可否认的是，网络意见领袖在其中扮演着重要的角色。新的舆论生态环境下，我国政府如何适应网络意见领袖给公共管理带来的变迁与挑战，如何处理与对待网络意见领袖，以及如何更为有效地化解公共危机，以充分发挥网络意见领袖的积极作用，营造健康、有序、和谐的网络舆论氛围，成为新时期的重要课题。本文将在借鉴国内外关于意见领袖相关经验的基础上，提出如下建议。

一、发挥"支持型网络意见领袖"的积极作用

在国外，政府十分重视意见领袖在公共事件中的影响。相较于中国，外国政府更强调识别支持者中的意见领袖，即"支持型意见领袖"，通过借力于"支持型意见领袖"的作用，积极推动政府活动。无论是 2004 年布什政府连任竞选，还是 2007 年奥巴马政府竞选，都体现了这一点。

布什竞选期间，布什国会组织者向 7000000 选民发布了电子邮件，向志愿者提了有关你多愿意给编辑写信、与人讨论政治问题、回复邮件或者参加公共会议等四个问题，基于这份问卷，选出了 2000000 名自陈的意见领袖，每周通过邮件或电话联系。并且，通过让他们向朋友宣传、给编辑写信、给当地电台节目打电话以及参加公共会议等方式，强化了这些志愿者的责任，竞选方还给他们提供一些特殊待遇，如给他们提供当地国会议员或发言人的 VIP 通道等。在意见领袖的支持下，最终布什顺利获得连任。

---

① 周瑞金. 喜看网络"新意见阶层"的崛起. 南方都市报，2009 年 1 月 3 日

奥巴马政府是首个运用互联网获得竞选胜利的政府，其在 Facebook 网站成立了官方平台，既可以与支持者交流、募集资金，也方便了支持者内部及与其他人之间的交流、组织活动。并且，公众可以通过使用手机方便地与朋友交流、及时发布活动信息、发放介绍背景信息的光盘，还便于收集电话号码等反馈信息，以支持奥巴马。相比国外，国内政府还不善于发掘支持型意见领袖的作用，若能在政府活动中，遴选出支持者的意见领袖，通过这些意见领袖的影响力推动政府活动，则会增强民众对于政府的信任程度。

二、加强网络意见领袖的调研

随着中国互联网的快速发展，公众政治参与意识的增强，中国的网络意见领袖也在逐步发展与壮大。网络意见领袖具有不同于传统意见领袖的特点，如群体更为庞大与分散、言论更为自由、影响的社会公众更为广泛、在公共事件中的影响力日益增强等。但目前，我国学界、业界关于"网络意见领袖"这一领域的研究还不是特别成熟，不仅滞后于互联网的发展速度，关于意见领袖的人口学统计信息、职业分布、主要活跃媒介及影响人群，以及他们对于公共事件的关注点、态度倾向还不明朗，而且应用性与实践性也较为匮乏，无法解决各种现实社会问题。因此，应当加强关于网络意见领袖的研究，重视网络意见领袖的研究。

其次，应当善于识别网络意见领袖。目前国内关于意见领袖测量的实证研究较少，国外相对较为成熟，可以引以为鉴。但国外的网络环境毕竟不同于中国，国外互联网大多作为商务平台，意见领袖测量的研究也多集中于营销活动中网络意见领袖的识别，这与中国互联网作为舆论平台的情况大为不同。因此，中国网络意见领袖的测量应根据中国实际情况，建立相应的测量指标和问卷，利用"大数据"更准确地识别网络意见领袖。

三、搭建与各类网络意见领袖沟通的平台

政府与网络意见领袖之间存在着信息不对称的状况，这也是引发危机的重要原因之一。因此，如何进行有效的沟通，对于化解危机、矛盾至关重要。

首先，建立与网络意见领袖沟通的渠道，完善沟通机制。一方面，政府可以积极主动地与网络意见领袖进行沟通，主动为舆论领袖提供信息，尤其是涉及网络意见领袖发挥重要作用的事件和重大突发公共事件，更应如此。另一方面，政府也可以从网络意见领袖处获取信息、资讯。通过从网络意见领袖处收集的信息，有助于快速、广泛地了解民意、听取民意；通过了解网络意见领袖的意见，了解舆情民意的矛盾焦点，有针对性地进行回应与处理，及时化解民怨；通过听取网络意见领袖的建议，可以为科学决策提供参考。

其次，搭建常态化的沟通平台，促进长期有效的沟通。可以通过不定期地开展各种活动，如论坛、研讨会、茶话会、沙龙、笔会、主题讨论会等，搭建与网络意见领袖沟通交流的平台。2009 年 12 月 14 日，昆明市主办"嬗变中的昆明"网络博客专家笔会，成为团结全国网络界意见领袖的一次成功尝试。活动以推介、展示昆明经济社会发展、文化发展情况为立足点，邀请了来自全国 20 余个省、市、自治区的 36 位知名博客作者及 15 家网络媒体的 17 名评论编辑或论坛管理员。通过 5 天的参观研讨交流座谈，活动取得了显著的成效。截至 2009 年 12 月 25 日，博客作者和网媒代表共发布博文、稿件 150 余篇，图片 800 多幅，先后被全国多家主流网站、论坛转载。据统计，参会博客和论坛发帖点击率在 200 万次以上①，取得了良好的效果。像这样的意见平台能够有

---

① 赵立．团结意见领袖，创新舆论引导模式——从"嬗变中的昆明"网络专家博客笔会谈起．青年记者，2010（12）：76

效地促进政府与网络意见领袖的沟通。

四、发挥网络意见领袖"第三方信源"的正面作用

"第三方信源"通常指与涉事主体无直接利益关系的一方，以信息源头的身份进行信息传播。近年来在一些社会舆情事件中，部分公众表现出对党和政府的不信任，增加了事件的处理难度。网络意见领袖作为"第三方信源"，由于立场相对独立、客观，往往对公众更具有说服力，有助于促进事态的好转。在此，建议充分发挥网络意见领袖"第三方信源"的正面作用，化解公共事件危机。

首先，使网络意见领袖个体成为"第三方信源"，发挥其积极作用。我国不乏专家、公众人物充当第三方信源化解公共危机的个案，如2007年的"重庆脑瘤谣言"，钟南山的发声使恐慌迅速消散。网络意见领袖自身也具备此类功能，建议倡导网络意见领袖成为"第三方信源"，积极发声，以弥补我国政府信源可信度方面的不足。

其次，在突发公共事件中，以"网民调查团"等形式汇聚网络意见领袖，发挥"第三方信源"的合力作用。一般情况下，"网民调查团"的核心成员多为意见领袖，他们在 BBS、博客及微博上的发帖、视频受到网友们的广泛关注，在引导舆论方面效果显著。最为典型的例子是"躲猫猫事件"和"浙江乐清事件"。虽然现阶段，民众对意见领袖及"网民调查团"仍然持有一定的怀疑态度。但公民调查团的出现，一定程度上满足了民众对真相的追求，有利于培养公民建设国家的意识，有利于督促政府创造出公共危机处理的新模式。

五、重视传统媒体出身的网络意见领袖

目前，我国网络意见领袖的职业分布中，传统媒体出身的意见领袖

较多。整体上，传统媒体出身的网络意见领袖往往对突发公共事件的评判和分析更加理性，在表达个人观点与态度时更具有责任感，是政府网络舆论引导中一支富有建设性的力量。因此，政府应高度重视传统媒体出身的网络意见领袖的作用，使其充分发挥作用。

首先，鼓励传统媒体出身的网络意见领袖第一时间发表言论。目前，由于传统媒体运作机制、新闻时效性的限制，造成传统媒体出身的网络意见领袖言论的时效性出现"慢半拍"的现象，影响了其对网络舆论的正面引导效果。因此，政府在采取召开新闻发布会、通报会等形式对突发公共事件进行通报之时，除邀请媒体记者参加外，还可以考虑邀请传统媒体出身的网络意见领袖参与，这样传统媒体报道出来之时意见领袖的言论也能够第一时间跟进，及时在网络舆论场中占据有力地位。其次，建立一套与传统媒体出身的网络意见领袖充分互动的机制，与其进行充分的沟通，发挥其"第三方信源"的作用化解危机，以有效发挥传统媒体出身的网络意见领袖的正面作用。

六、政府部门及相关个人勇于担当网络意见领袖

网络问政应成为政府网络舆论引导的趋势和有效路径。因此，建议政府部门及其相关个人熟悉微博等新媒体的运作模式，积极担当网络意见领袖，注重政府部门及官员个人微博的建设，发挥影响力。鉴于微博在突发公共事件网络舆论中的影响力，政府部门以及政府官员不妨利用微博的这种优势，塑造亲民形象，并以微博为平台，构建畅通的沟通渠道，在吸引关注度和粉丝的同时，在网民中培养良好的公信力。唯有如此，当危机来临时，这些"意见领袖"才能在引导舆论上发挥正面、积极的作用。[①]

---

① 宋好. 微博时代"意见领袖"特点探析. 今传媒，2010（11）：96

成都市官方微博——"成都发布"的成功运作可以为相关政府部门或个人微博建设提供借鉴。微博自 2010 年 6 月 23 日在新浪微博注册以来，发展势头强劲，业已成为内地最火的官方微博。截至 2010 年 12 月 29 日，"成都发布"已经有 59036 名粉丝关注。"成都发布"微博内容涉及重大活动、突发公共事件、重要政策法规，政务、贴近市民日常生活的便民信息等，同时配合图片、视频等形式，深受公众喜爱。在一些突发公共事件中，成都市政府还将微博作为一个老百姓和政府进行直接沟通的有效渠道，倾听群众的呼声，了解社情民意，对一些关键性的问题及时回复，第一时间澄清了不实谣言。例如，2010 年 8 月 19 日，针对网络上出现"因岷江上游山洪暴发，导致泥石流，原水浊度严重超标，主城区将要停水"的传言，成都市新闻办紧急与市水务局沟通协调，经调查核实后，立即在下午 15：08 发布微博，澄清谣言，有效稳定了市民的情绪。

七、完善互联网管理，健全法制，倡导网络自律

互联网具有开放性、匿名性、交互性的特征，信息来源鱼龙混杂，在突发公共事件中很容易滋生谣言。网络意见领袖自身的言论不但可能会被冒用而发表不实言论，意见领袖自身也有可能发布不实信息。除了各种谣言、虚假新闻外，网络暴力、滥用话语权现象亦很明显，而网络意见领袖因观点不统一而在网络上掀起"口水战"的现象也越来越多，这严重地侵犯了个人隐私、污染了网络公共环境，甚至可能会带来许多不好的影响，这些都为互联网的管理带来了巨大的挑战。而我国现有的政策、法规往往体现出一定的时滞性与局限性，为此建议，应完善我国互联网管理，建立一套行之有效的互联网管理体系。同时，倡导网络意见领袖和网民的"网络自律"，通过倡导网络自律，优化网络舆论环境，营造和谐、健康、有序的网络舆论氛围。

| 后　记 |

　　本书是在我博士论文的基础上进一步修改、完善完成的，特别是增加了2013年以后网络意见领袖发生的一些新变化。光阴荏苒，时光易逝，六年前我从华东师范大学毕业，后又辗转来到上海交大攻读博士学位，专业也从心理学一下跨入到传播学这个陌生的领域，庆幸的是我能有幸将两个学科的知识体系、思维方式有效融合进自己的研究中。心理学的训练给我更多研究方法上的启发，而传播学的探索又把我带入一个与社会现实密切勾连的一个研究领域。网络意见领袖的研究一直是我比较关注的问题之一，在导师谢耘耕教授的指导下，我完成了两篇相关论文的撰写，并把它作为我的博士学位论文继续研究。直到现在，我仍在关注这个领域，仍在关注网络意见领袖这个特殊的群体，它仍给我的科研和教学工作带来很多启发。

　　这部专著的出版，首先要感谢我的导师谢耘耕教授，我有幸成为他的第一批博士，导师细致、认真地指导我们，在短短的三年之内，他带着我以及我们的实验室一起成长，师弟师妹们也都给予了我很多的指导和帮助，使我能顺利完成论文的撰写工作。我还要感谢实验室的同门，感谢刘锐师姐给予我的多方面指导，感谢她在论文撰写及答辩过程中诸多的帮助；感谢同门的其他师姐师妹们，在我需要帮助的时候总是能得到无私的帮助。同时也感谢学院的各位教授、老师提供的帮助，感谢刘康院长、葛岩老师、徐剑老师，你们的建议给了我很多启发。还要感谢符颖老师、张燕青老师，你们为学生的成长做了许多默默无闻的幕后工作，谢谢你们！

　　其次，我要感谢王月、王蔚、常利辉三位师姐以及庞老师、袭老师，你们背后默默地付出直接促成了这本书的出版。应该说这本书能够出版并不容易，中间经历了许多波折，而每次我遇到麻烦，师姐们总是会耐心的、无私的帮我一起寻找解决问题的办法，尤其是王月师姐，说不上为什么，我们总是会相遇，这就是缘分吧。在上海我本无依无靠，谢谢你们一直以来的陪伴。

　　最后要感谢我的家人及朋友，这本书的出版正值我的宝宝降生，我感谢这个小生命带给我的欣喜，感谢我的父母抛家舍业随我来到上海一起陪伴外孙女，感谢我家里人的理解，也感谢我的朋友们给我的关心和帮助。你们是我坚强的后盾，也是我人生的动力，谢谢你们在我迷茫的时候开导我、在我孤单的时候陪伴我、在我寂寞的时候关心我，在我有困难的时候帮助我！

　　最后，本书参考了大量的文献，我尽力在参考文献中列出，但有些由于时间太长，可能有所疏漏。另外，由于研究水平有限，本书还有许多不足和缺陷，希望得到各位专家的批评指正。

王平于 2017 年 3 月 18 日